MITOLOGIA GRECA

L'esclusiva Raccolta di Miti e Leggende Greche, un Affascinante
Viaggio tra divinità, titani e mostri sacri dell'antica grecia

Cultura Publishing

SOMMARIO

Prefazione...1

Capitolo 1: Correlazione E Differenza Tra Mito E Filosofia Greca...6

Capitolo 2: Eurinome E Le Origini Del Mondo Secondo La Mitologia Greca...14

Pelasgo E La Nascita Del Genere Umano...17

Il Mito Omerico Ed Il Mito Orfico Della Creazione...18

La Teogonia Di Esiodo Ed Il Mito Olimpico DellaCreazione...21

Le Cinque Età Dell'essere Umano Secondo Esiodo...28

Capitolo 3: I Titani E La Titanomachia Di Esiodo...34

Capitolo 4: Gli Dei Dell'olimpo...39

Zeus...41

Era...44

Poseidone...47

Demetra...51

Artemide...54

Ares...58

Apollo...61

Dioniso...66

Efesto...77

Ermes...79

Atena...84

Afrodite...88

Capitolo 5: La Gigantomachia...92

Capitolo 6: Aneddoti, Rivalità Ed Amori...104

La Disputa Tra Atena E Poseidone...107

La Tessitrice Aracne...108

Il Mito Di Tizio...110

Il Supplizio Di Tantalo...112

L'astuto Sisifo...114

La Filantropia Di Prometeo Ed Il Vaso Di Pandora..........................115

Il Rapimento Di Persefone...121

Capitolo 8: I Miti Degli Eroi...126

Definizione Dell'eroe Greco...126

Gli Argonauti...133

Teseo..191

Minosse Ed Il Minotauro..197

Il Fedele Piritoo..207

Admeto Ed Alcesti..214

Scuola Alessandrina, Ovidio (vissuto nel I Secolo d.C.) ed il bizantino Tzetze forniscono, di uno stesso mito, una versione che paradossalmente risulta essere più antica di quella tramandataci da altri autori vissuti secoli prima di loro, come Esiodo ed altri tragediografi greci; la spiegazione a questo bizzarro elemento è certamente da attribuire al fatto che questi autori, per le loro ricerche, hanno avuto di sicuro accesso a fonti loro contemporanee più esaustive e complete di quelle pervenute ai giorni nostri.

Ad avvalorare questa tesi si può prendere come esempio l'Excidium Troiae di Darete Frigio, datato al I Secolo d.C., che risulta essere più attendibile rispetto all'assai più antica Iliade di Omero rispetto

le vicende della guerra di Troia.

Una analisi efficace di un racconto mitologico oppure pseudo mitologico deve sempre iniziare tenendo in considerazione quello che era il contesto religioso e politico di tutta Europa prima dell'invasione degli Ariani avvenuta durante il II Millennio a.C.

Al tempo le credenze religiose europee erano caratterizzate da una grande omogeneità, in cui a predominare era il culto della Grande Madre a cui venivano attribuiti numerosi appellativi, culto cheaddirittura si espandeva anche in Siria ed in Libia.

L'Europa era dunque monoteista e lo era in maniera unitaria, in esistevano altre divinità; la Grande Madre era considerata eterna immutabile, onnipotente ma aveva anche connotazioni del tutto umane: ad esempio, la Grande Madre era solita scegliere dei amanti per soddisfare le proprie pulsioni sessuali, per genuina lussuria, non per dare un padre ai propri figli.

Il concetto di paternità non esisteva nella concezione religiosa perché il maschio era considerato solo come una componente necessariaper raggiungere il piacere carnale e, al massimo,

per la procreazione; da questo consegue che anche in ambito sociale si aveva una gerarchia matriarcale in cui era la donna a ricoprire un incarico di rilievo.

Il concetto di maternità assunse una connotazione di mistero che origina la vita, un concetto che nelle prime forme di aggregazione sociale era temuto e rispettato; in forma rituale, le donne di un nucleo familiare si occupavano quasi ininterrottamente di curare un fuoco presso la grotta oppure la capanna che ospitava la propria famiglia e questo perché il fuoco, come la maternità, era considerato l'elemento di origine e di conclusione di tutte le cose .

Il focolare inteso propriamente come fuoco acceso e curato dalle donne divene così simbolo di aggregazione e di organizzazione sociale, per questo il termine ha poi assunto il significato metaforico di casa e di intimità familiare.

In tutto questo è da ricercare la causa per cui in Grecia, durante le cerimonie pubbliche, la prima vittima sacrificale veniva immolata ad Estia, la dea del focolare domestico.

Durante l'Età Arcaica, che va dall'VIII al VI Secolo a.C., in Grecia il culto della Grande Madre si

identificava in Eurinome, conosciuta anche come Dea di tutte le
cose.

CAPITOLO 1
CORRELAZIONE E DIFFERENZA TRA MITO E FILOSOFIA GRECA

Il mito ha influenzato in maniera indissolubile la cultura della Grecia arcaica ma non deve essere visto come un racconto di pura narrativa fantastica in contrapposizione ai meccanismi razionali della filosofia, tutt'altro: mito e filosofia greca hanno in comune lo scopo di conoscere e spiegare il mondo.

Tuttavia, occorre precisare come il mito presenta alcune caratteristiche che lo differenziano nettamente dal discorso filosofico:

-Il mito esprime in maniera diretta ed in forma narrativa l'oggetto della propria ricerca, laddove la filosofia è costituita da un sapere riflessivo che agisce per concetti astratti;

-il mito è dato da un corpus di conoscenze fisse edimmutabili che non offrono opportunità di libere eautonome rielaborazioni che sono elemento caratterizzante, invece, della tradizione filosofica;

- il mito non implica momenti dedicati all'analisi critica ed alla verifica che sono centrali nella ricerca filosofica, protesa costantemente a vagliare e perfezionare il possesso della verità e delle proprie certezze.

A costituire una proficua dialettica tra mito e filosofia è stato l'avvento dello stoicismo, corrente di pensiero che ha come base e fondamento il pensiero del filosofo Zenone di Cizio, tra il III ed il II Secolo a.C. e che aveva una visione della vita e della natura come realizzazione di un piano razionale universale.

Con la corrente di pensiero stoica, si ha un'interpretazione sistematica e filosoficamente motivata dell'antica tradizione fondata sulla mitologia classica.

Prima del fiorire della filosofia vi era il mito, corrispondente all'identità culturale di un popolo in quanto costituiva nello stesso tempo tradizione, memoria storica, etica e religione.

Nonostante tutto questa potrebbe sembrare una concezione riduttiva del mito perché, a ben vedere, esso consiste nella prima forma che l'essere umano attribuisce alle risposte che cerca di darsi da sempre riguardo la vita, la morte nonché lo stesso scopo dell'esistenza.

Con l'avvento della filosofia, l'essere umano acquisisce una nuova prospettiva ed un ampliamento di vedute nell'approcciarsi alle proprie domande esistenziali, l'umanità ottiene nuovi metodi per scrutare ed interrogare la realtà.

Nel mito i protagonisti delle grandi storie sono divinità oppure eroi che personificano vizi e virtù degli esseri umani, le loro vicende sono da monito e da esempio agli esseri umani; basti pensare alle burle di Mercurio ed alla ponderata saggezza di Atena: i protagonisti del mito offrono agli esseri umani dei punti di riferimento per rendersi conto di quali modi di essere e di fare devono prendere ad esempio da seguire e quali, più spesso, da non seguire.

In poche parole, i protagonisti delle vicende narrate dal mito altro non sono che dei simboli.

Nel mondo greco, da sempre, l'utilità di un tale procedimento di interpretazione dei simboli ha

avuto un largo uso, in particolare nella direzione di un'allegoria letteraria e di una filosofico-religiosa.

Infatti, la cultura greca vede nel proprio costituirsi e consolidarsi la dialettica tra due tendenze che risultano di fatto opposte: da una parte la profonda considerazione per il ruolo autorevole e formativo assunto dalla tradizione, di cui in particolare modo erano depositarie le teogonie di Esiodo e di Orfeo e la grande epica di Omero, dall'altra una ben radicata predisposizione all'utilizzo dei meccanismi filosofici nel concepire il mondo secondo categorie razionali.

Questa dialettica emerge presto nell'evidente imbarazzo suscitato dalle numerose vicende mitologiche, non proprio corrispondenti alle caratteristiche del divino, cui dà voce Senofane nella sua celebre critica ai più antichi poeti greci, in cui Omero ed Esiodo vengono accusati di avere attribuito alle divinità le peggiori nefandezze della natura umana, come il ladrocinio e l'adulterio.

Nella stessa maniera, il filosofo Senofane critica Omero ed Esiodo per aver rappresentato le divinità in maniera eccessivamente antropomorfa, troppo umana; a proposito di questo Senofane fa notare come anche gli animali, se potessero dipingere,

idealizzerebbero le proprie divinità a loro immagine e somiglianza: i cavalli dipingerebbero divinità simili a cavalli ed i buoi dipingerebbero divinità simili a buoi.

Davanti a tutto questo, la cultura greca vede aprirsiun bivio in cui una strada conduce all'accettazione fideistica del mito come verità inconfutabile e l'altra strada conduce al ripudio del mito.

La via del ripudio e della rinnegazione del mito è apertamente intrapresa da Platone attraverso le pagine della sua Repubblica, in cui afferma che l'arte poetica non potrebbe mai essere portatrice di verità, in quanto l'arte poetica altro non è che una pantomima ed una imitazione della realtà sensibile.

Secondo Platone, la sola filosofia può fregiarsi del titolo di viatico per trovare la verità mentre l'arte poetica, con la sua capacità di ammaliare gli esseri umani, finisce solo e soltanto con il confonderne glianimi e la ragione.

Tuttavia, la storia ci ha tramandato l'esistenza di un terzo tentativo, operato dal genere umano, nel conciliare le due visioni precedenti ed in cui, seppure si rinnega il senso letterale del mito come verità assoluta, non si escludono del tutto gli scrittiesiodei ed omerici in quanto gli autori, proprio

grazie ad una ispirazione divina, avrebbero contemplato la verità e l'avrebbero trascritta pertrasmetterla ai posteri.

Questa terza via, dunque, invita l'essere umano alla

decodificazione e, cosa più importante, all'interpretazione del mito per essere illuminati dalla sapienza nascosta che si annida nel mito.

Il primo a tentare questa esegesi in chiave allegorica del mito religioso fu Teagene di Reggio, nel VI Secolo a.C., ma ad offrire in maniera davvero soddisfacente una interpretazione del mito sistematica e motivata dal punto di vista filosofico fu soprattutto la corrente stoica.

A questo proposito si è rivelata fondamentale la classificazione delle divinità contenuta nel frammento SVF II 100911, in cui il criterio adottato ai fini di questa classificazione parte dall'idea che le divinità siano simboli di realtà fisiche e che debbano essere ordinate a partire dal modo in cui gli esseri umani le hanno concepite.

Questa classificazione si è potuta adottare anche da parte di un gran numero degli esegeti del I Secolo.

a.C. e d.C. grazie a due motivi fondamentali, uno di carattere cosmo-teologico e l'altro gnoseologico: il primo deve essere compreso alla luce della fisica

stoica, in cui il concetto chiave era quello che vedeva il logos/fuoco come principio fondamentale di tutte le cose, animato dalla legge razionale che presiedeva al divenire del cosmo e ne regolava i meccanismi.

Questo andamento era caratterizzato in particolare dal suo ripetersi in maniera ciclica in un meccanismo che terminava ogni volta in una esplosione cosmica, da cui puntualmente prendevaavvio un nuovo ciclo.

Questa cosmologia è la ragione della particolare conformazione assunta dalla religiosità degli stoici che assume il nome di henocentrismo, corrente cheesprimere un politeismo riconducibile a un unico dio fondamentale, dai connotati filosofici, di cui tutte le altre divinità altro non sono che diverse manifestazioni.

Ecco dunque spiegato il primo motivo della centralità dello stoicismo in rapporto alla religione mitologica che, allo stesso tempo, offriva un eccellente strumento di interpretazione per tutti gliesegeti, quale che fosse la loro cultura di provenienza, la posizione filosofica da loro assuntaoppure la loro religione di appartenenza, in perfetta sintonia con lo spirito pluralista che

caratterizzava l'Ellenismo.

Il secondo motivo, quello invece di carattere gnoseologico, stabiliva l'attendibilità della tradizione poetica in virtù delle cosiddette nozioni comuni: per gli Stoici tali nozioni, ben lontane dall'essere innate e fondamentali allo sviluppo del linguaggio e delle capacità relazionali dell'individuo, venivano acquisite entro il settimo anno di età ed erano la pietra angolare di una completa maturazione dell'anima razionale; la loro acquisizione da parte dei bambini era mediata dall'educazione loro impartita, che implicavala trasmissione di tutte quelle conoscenze degli usi e dei costumi che rendevano fattibile un giusto inserimento nella comunità cittadina, che, nella realtà dei fatti, si concentravano nella tradizione religiosa fondata sui miti, nonché sulla loro giusta interpretazione.

Tuttavia, per fare in modo che tali nozioni potessero essere considerate valide, occorrevano due condizioni preliminari che necessitavano di essere soddisfatte: una concezione della storia tale da rendere legittimo il patrimonio culturale tradizionale e dei mediatori che svolgessero un

ruolo attivo nel consolidamento e nella trasmissione di questo nucleo di conoscenza originario, ovvero i poeti. Laddove entrambi i presupposti venissero giudicati validi e degni di fiducia, era fattibile ricavare il secondo pilastro che sosteneva la legittimità dell'esegesi di matrice stoica, come conseguenza di una preventiva fiducia nel testo mitico e nei poeti che lo hanno tramandato attraverso le loro opere.

Le conseguenze dovute al contributo stoico nella storia del pensiero segnano un punto di non ritorno rispetto ai tentativi precedenti e allo sviluppo di una proficua dialettica tra mito e filosofia, fornendo agli esegeti successivi l'opportunità di utilizzare strumenti già passati al vaglio della ragione, alla luce di una ben precisa consapevolezza filosofica, e pure con l'opportunità di sviluppare una propria originalità sul campo, come mostrano i differenti filoni di ricerca che da qui hanno preso autonomamente le proprie strade.

Infatti, basta pensare all'avvenuto recupero dell'impianto stoico dell'allegoresi in contesti filosofici del tutto differenti come, ad esempio, quello pitagorico, platonico, aristotelico, e messo a servizio dell'interpretazione di miti dalla provenienza più diversa.

Infatti i miti potevano essere presi allo stesso mododalla religione egizia, fenicia, ebraica oppure greca, nella più completa libertà e nella costante validità universale del metodo utilizzato.

CAPITOLO 2
EURINOME E LE ORIGINI DEL MONDO SECONDO LA MITOLOGIA GRECA

In origine vi era il caos.

Vi era solo il vuoto, nel caos non esisteva alcun tipo di ordine, tutto era immerso in uno sbaraglio ed in un disordine slegato da qualunque legge naturale.

Dal caos emerse Eurinome, il cui nome sta a significare Colei che vaga per ampi spazi, proprioperché intorno a lei vi era il vuoto.

Eurinome non aveva nulla su cui poggiare i propri

piedi, quindi divise il cielo dal mare ed iniziò a muoversi sulle onde.

Ella era emersa nuda dal caos e, per non patire il freddo, iniziò a muoversi danzando con movenzemeravigliose e solenni, spostandosi verso il Sud.

La danza di Eurinome, con i suoi movimenti vorticosi, generò un vento alle sue spalle: cosìnacque Borea, il Vento del Nord.

Eurinome si scoprì compiaciuta di avere generato Borea, che incalzava alle sue spalle, quindi decise di iniziare con lui l'opera di creazione, afferratolo, sfregò Borea tra le proprie mani.

Tra le mani di Eurinome, il Vento del Nord assunseconsistenza e forma che diedero origine al serpenteche Eurinome chiamò Ofione.

Eurinome, ammirando la sua seconda creazione, si ritrovò a provare pulsioni che non credeva neppuredi riuscire ad immaginare, eccitata selvaggiamente dalla presenza di Ofione.

La Dea di tutte le Cose, quindi, prese a danzare in maniera via via sempre più passionale e provocante, finché Ofione non fu vinto dalla propria natura maschile e cedette alla seduzione diEurinome, avvolgendola tra le sue spire ed

accoppiandosi con lei.

Borea, il Vento del Nord, porta la fecondazione tra le proprie brezze, tanto che spesso le giumente accarezzate dal suo soffio concepiscono puledri senza l'intervento di uno stallone e, complice anche la sua presenza, Eurinome rimase incinta dall'amplesso consumato con Ofione.

Mentre volava sul mare, Eurinome assunse la forma di una colomba.

Quando la sua gestazione giunse al termine, Eurinome depose l'Uovo Universale ed ordinò adOfione di covarlo avvolgendosi sette volte intornoad esso.

Quando l'Uovo Universale si schiuse, ne nacquero il Sole, la Luna, i Pianeti, le Stelle, la Terra con la sua natura e tutto ciò che vi è su di essa.

Eurinome ed Ofione si stabilirono sul Monte Olimpo ma la loro non fu una convivenza felice, inquanto in Ofione sorse l'arroganza di definirsi creatore dell'universo.

I due presero a contrastarsi sempre più aspramente, finché Eurinome non gli spezzò tutti i denti con un calcio e lo relegò prigioniero nelle più buie caverne dell'Ade.

Dai denti di Ofione, nacquero i Pelasgi, che presero il nome da Pelasgo, il primo uomo creato, il quale insegnò ai suoi simili l'arte dell'agricoltura e della pastorizia.

In seguito, Eurinome creò i Titani e le Titanesse, ed ogni potenza planetaria fu affidata ad una coppia formata tra essi:

Tia e Iperione furono i Signori del Sole, Febe ed Atlante custodirono la Luna.

Marte fu affidato alle cure di Dione e Crio, Mercurio, invece, a quelle di Meti e Ceo.

Il pianeta Giove andò a Temi ed Eirimedonte, mentre Teti ed Oceano ebbero in cura Venere; Rea e Crono, infine, furono i Signori di Saturno.

Ognuna di queste potenze planetarie presiedeva ad una funzione della Natura: la Luce era associata al Sole, la Magia alla Luna, la Crescita al pianeta Marte, la Pace a Saturno, la Saggezza a Mercurio, la Legge a Giove, l'Amore a Venere.

Con l'invasione ariana dell'Europa, avvenuta nel corso del II Millennio a.C., si assistette al sorgere della concezione patriarcale e quindi il mito di Eurinome evolvette in un suo matrimonio con Urano, al quale fu attribuito il ruolo di padre ancestrale e di supremo progenitore, segnando così il declino del potere della Dea di tutte le Cose.

Pelasgo e la nascita del genere umano

Quando Eurinome scacciò Ofione dall'Olimpo, ruppe i denti del serpente con un calcio; questi caddero nella regione dell'Arcadia e da uno di essi, per primo, nacque Pelasgo.

Immediatamente, Eurinome insegnò a Pelasgo l'arte della caccia, della raccolta dei frutti della terra e della lavorazione delle pelli.

A Pelasgo subito seguirono altri individui che

costituirono il popolo dei Pelasgi, dal nome del primogenito essere umano che li aveva visti nascere.

Pelasgo trasmise loro il proprio sapere, insegnando a tutti gli altri esseri umani come nutrirsi di foglie e radici, costruire capanne e fabbricare rudimentali indumenti con le pelli del maiale e della pecora.

Nella fede dei membri di questa società archetipica, non esistevano divinità né sacerdoti se non la sola ed unica Eurinome e le sue sacerdotesse: a detenere qualunque tipo di potere, infatti, era la donna e sua vittima sgomenta era il maschio.

In età arcaica si ipotizzava che la donna rimanesse gravida per l'opera fecondatrice di Borea, il Vento del Nord, oppure perché avesse mangiato troppi fagioli, oppure perché avesse inavvertitamente inghiottito un insetto; la paternità non era neppure un concetto concepito, tanto che la successione dell'autorità e del ricchezza era matrilineare e si credeva che gli esseri umani, una volta defunti, si reincarnassero sotto forma di serpenti per tornare ad assumere nella nuova vita la stessa forma di quel serpente, Ofione, che aveva inconsapevolmente generato l'umanità.

Il mito omerico ed il mito orfico della creazione

Secondo il mito omerico, tutte le creature viventi etutte le divinità nacquero dall'unione di Teti con ilfiume Oceano che scorre attorno al mondo; quindi Teti sostituisce la figura di Eurinome nel ruolo di Madre di tutte le Cose.

Pur avendo un ruolo di rilievo nel mito omerico della creazione, Teti non viene quasi mai menzionata in altri racconti mitologici né in alcun poema epico, se non nel capitolo XIV dell'Iliade di Omero dove Era, per ingannare Zeus, sostiene di volersi recare da Oceano, cui si riferisce con l'appellativo di origine degli dei, e da Teti cui invece si riferisce con l'appellativo la madre.

Teti nacque dall'unione di Urano (Cielo) e Gea (Terra) ed era la più giovane delle Titanidi.

Teti si unì poi in matrimonio ad Oceano, suo fratello (le unioni incestuose ricorrono spesso nei racconti mitologici), e da questa unione nacque unaprole di più di tremila figli, tra cui tutti i fiumi del mondo e leninfe Oceanine che presiedevano tutte

le sorgenti della Terra, tra cui la temibile Stige.

Una delle poche rappresentazioni certe di Teti, identificata in modo sicuro grazie a un'iscrizione, è il mosaico del IV sec. Che si trovava sul pavimento di un edificio termale ad Antiochia, ora conservato a Dumbarton Oaks, Washington DC.

Teti è stata spesso confusa con una sua omonima, la ninfa Teti, moglie di Peleo e madre di Achille.

Secondo i miti, Teti fece da balia ad Era, affidatale da sua sorella Rea durante la lotta di Zeus contro Crono.

In segno di riconoscenza, Era fece da paciera e fu artefice di una riconciliazione tra Teti ed Oceano, dato che avevano litigato e stavano per separarsi.

Inoltre, quando Efesto venne scagliato da Era dall'alto dell'Olimpo nell'Oceano perché la dea rimase inorridita dal suo aspetto deforme, furono Teti e la figlia Eurinome a salvarlo e ad allevarlo per nove anni in una grotta sottomarina.

Per riconoscenza, Efesto forgiò molti gioielli per loro nel corso di quei nove anni ed uno di questi gioielli, che Teti indossava sul petto, attirò l'attenzione di Era che ne chiese l'artefice. Rimasta

colpita dalla bravura di Efesto, Era richiamò il figlio Efesto sull'Olimpo, probabilmente per potere sempre usufruire del talento di un orefice tanto prodigioso.

Ancora una volta, Teti si mostrò soccorrevole dando rifugio nella sua dimora sottomarina a Dioniso, che stava sfuggendo al re Licurgo.

La dimora di Teti è posta, secondo la tradizione, nell'estremo Occidente ed al di là del paese delle Esperidi, nella regione in cui il Sole, ogni sera, sembra terminare il suo tragitto sul cocchio d'oro.

I mito orfico ci presenta, invece, un'altra versione dello stesso mito pelasgico in cui però si avverte l'influenza della più tarda dottrina mistica dell'amore (Eros) e delle teorie sorte a proposito dei rapporti tra i due sessi.

Secondo il mito orfico, la Notte dalle Ali Nere e Borea consumarono il loro amore.

In seguito, la Notte depose un Uovo d'Argento nel grembo dell'oscurità da cui nacque Eros (l'Amore), chiamato anche Fanete (Rivelatore), che con la sua nascita mise in moto tutto l'universo.

L'Uovo d'Argento della Notte simboleggia la luna, poiché l'argento era considerato il metallo lunare.

Eros nacque sotto forma di ermafrodito (un essere dotato di entrambi i sessi) dalle ali d'oro e, datosi che aveva quattro teste appartenenti a quattro diversi animali, di volta in volta ruggiva come un leone, muggiva come un toro, sibilava come un serpente oppure belava come un ariete.

La Notte diede a suo figlio un nome per ciascuna delle sue quattro nature e, ai nomi Eros e Fanete, aggiunse i nomi di Ericepeo (Colui che si nutre di erica) e di Fetonte Protogeno (Lucente Primogenito) e visse con lui in una grotta, dove assunse il triplice aspetto di Notte, Ordine e Giustizia.

Nella funzione di Fanete, il dio creò la terra, il cielo, il sole e la luna ma la sua madre, la Triplice Dea, ad imperare sull'Universo, finché il suo scettro passò nelle mani di Urano a causa dell'affermazione del concetto di patriarcato che causò la formulazione di varianti in questo ed in numerosi altri racconti mitologici.

Nelle vesti di Ericepeo, il dio-amore compare come una ronzante ape celeste, nata dalla Triplice Dea.

L'alveare, che è la forma della dimora in cui vive, fu preso a modello della repubblica ideale sia come struttura urbanistica che come schema sociale e convalidò il mito dell'Età dell'Oro degli esseri umani in cui, si racconta, il miele stillava dagli alberi.

Sulla soglia di questo alveare vi era la dea Rea, il cui tamburo di bronzo scandiva un ritmo di marcia che impediva alle api (che rappresentano allegoricamente gli esseri umani) di sciamare disordinatamente e per teneva lontani gli spiriti maligni.

Inoltre, il tamburo di Rea scandiva anche un ritmo per attirare l'attenzione degli esseri umani nel momento in cui la Triplice Dea rendeva noti i propri oracoli.

Nelle vesti di Fetonte Protogeno, il dio-amore opera come il Sole, che per gli Orfici era simbolo di luce spirituale, e le sue quattro teste corrispondono ai quattro animali che sono simbolo delle quattro stagioni.

La Teogonia di Esiodo ed il mito olimpico della creazione

Pietra angolare della mitologia greca è senz'altro la Teogonia (Θεογονία), poema mitologico ad opera di Esiodo, autore vissuto tra il IX e l'VIII Secolo a.C.

Nella Teogonia di Esiodo, la cui datazione è stata ipotizzata dagli studiosi intorno al 700 a.C., narra delle vicende che partono dal Caos primordiale fino alla consolidazione del potere di Zeus come Re dell'Olimpo e degli dei.

L'opera sembrerebbe essere in linea con il mito della creazione appartenente al culto dei sacerdoti di Apollo del tempio di Delfi, in cui tutte le cose devono la propria esistenza all'attrazione fra Caos e Gea con l'intervento di Eros, portatore di quell'armonia che ha permesso il consolidarsi dell'unione tra i due.

Questo modello mitologico risente delle influenze culturali dell'Antico Oriente e dell'Antico Egitto, tanto che la Teogonia esiodea trova la propria base di partenza in un testo del XIV – XIII Secolo a.C. di origine Ittita, un antico popolo originario dell'Asia

Minore, in cui si trova una genealogia divina molto simile a quella trasmessa da Esiodo.

Secondo il mito olimpico, in principio di tutto era il Caos, una realtà indefinita, oscura e primordiale la quale non necessita di un creatore autonomo e preesistente.

Dal Caos emerge Gea (la Terra); nel sonno, Gea dà alla luce suo figlio Urano (il Cielo Stellato).

In seguito, si generano gli attributi specifici del cosmo: primo tra tutti Eros che corrisponde all'impulso iniziale e forza generatrice; a lui seguono le cupe figure di Erebo e Notte, rispettivamente manifestazioni del Vuoto e del Buio senza confini; fu poi la volta di

Ponto (il Mare) con cui Gea, ancora in seguito, genererà mostri e figure semidivine legate ai cicli vitali e da cui discenderà la stirpe degli esseri umani.

L'apparizione di Urano introduce l'elemento maschile opposto a Gea, terra e madre, a dimostrazione del trionfo del concetto patriarcale con conseguente declino della strutturazione femminista della cultura e della società.

Ammirando Gea dall'alto delle montagne, Urano

scrutava la dea con sguardo amorevole e versò piogge feconde nelle pieghe segrete di Gea, con cui generò erba, alberi e fiori così come animali ed uccelli.

Dall'unione di Gea e Urano nascono anche tutte le diverse forze operative dell'universo che rappresentano fenomeni atmosferici e vulcanici, le acque, i corpi celesti ed addirittura concetti astratti, prima fra tutte la Giustizia.

I primi figli a nascere dall'unione tra Gea ed Urano furono Briareo, Gige e Cotto conosciuti con l'appellativo di Giganti dalle Cento Braccia, che vanno a costituire la prima prole della Madre Terra ad avere un aspetto quasi umano.

Nacquero poi i tre Ciclopi monocoli, abilissimi fabbri e costruttori di mura: Brente, Sterope ed Arge che si stabilirono prima in Tracia, poi sull'isola di Creta ed infine in Licia.

Con il proseguire delle numerose gravidanze di Gea, Urano nasconde i nascituri nella profondità della terra, dentro lo stesso grembo materno da cui sono nati, finché una esausta Gea incita la sua progenie alla rivolta.

A capo di tale rivolta si pone con prepotenza Crono, che si impadronisce del potere e mutila

Urano, evirandolo: dal sangue del membro di Urano, fecondato dalla Terra, nascono i Giganti e le Erinni, mentre dal suo seme schizzato in mare si produce la spuma che genera Afrodite.

Ma anche Crono, che ha sposato la sorella Rea, assume nei confronti dei propri figli lo stesso atteggiamento del padre: appena nati li divora e, come Urano, sarà detronizzato per mano di uno di essi.

Infatti Rea, disgustata dai comportamenti di Urano, dopo avere partorito Zeus sull'isola di Creta lo nasconde in una grotta del Monte Ida, dove il piccolo sarà nutrito dal prodigioso latte della capra Amaltea ed affidato alle cure della ninfa Adamantea.

Una volta messo il piccolo Zeus al sicuro, Rea offre ad Urano una pietra che avvolge in delle fasce come se fosse un neonato. Urano non si accorge dell'inganno ed inghiottisce la pietra.

Al compimento dei suoi sedici anni, Zeus viene portato da Rea sull'Olimpo sotto le mentite spoglie di coppiere e porge ad Urano un calice di aceto per provocarne il vomito.

Nell'ordine inverso in cui erano stati divorati, ricompaiono i fratelli e le sorelle di Zeus,

sopravvissuti e giunti all'età adulta: Estia, Demetra, Era, Ade e

Poseidone.

Da essi è riconosciuto capo supremo e finalmente,dopo una serie di lotte contro le antiche divinità, Zeus, i suoi fratelli e la sua progenie impongono l'ordine olimpico sull'universo.

Miti filosofici della creazione

Alcune versioni del mito della creazione sostengono che prima vi furono le Tenebre e dalleTenebre emerse il Caos.

Tenebre e Caos finirono con l'unirsi e da questo loro connubio nacquero la Notte, il Giorno, Erebo (anche in questa versione, la personificazione di Eros) e l'Aria.

A loro volta, Notte ed Erebo si unirono e ne nacquero il Fato, la Vecchiaia, la Morte, l'Assassinio, la Continenza, il Sonno, i Sogni, la Discordia, la Miseria, l'Ira, la Nemesi, la Gioia, l'Amicizia, la Pietà, le Tre Moire e le Tre Esperidi.

Particolare attenzione meritano le Tre Moire, cherappresentano la personificazione del destino

ineluttabile, a cui nessun essere umano puòsottrarsi.

Il loro compito di Cloto, la più giovane, era tessere

il filo del fato di ogni persona; il compito di Lachesi, la più matura, era dipanare quel filo intorno ad un fuso ed era lei a decidere quanto lungo dovesse essere il filo della vita di ogni persona, inoltre

univa filamenti neri (che rappresentavano giorni nefasti) a

filamenti dorati (che rappresentavano giorni felici); infine ad Atropo, la più anziana, spettava il compito di reciderlo, segnando la morte della persona la cui vita rappresentava quel filo.

Le Tre Esperidi, invece, erano le custodi del giardino delle mele d'oro di Era (dette anche pomid'oro).

In verità il loro numero è incerto, tanto che alcuni autori ne indicano cinque ed altri addirittura sette,ma la composizione del loro gruppo in tre risale alla tradizione più antica; certa è invece la loro collocazione geografica che le vuole abitanti dello spazio oltre le Colonne di Ercole, limite massimo del mondo conosciuto agli Antichi Greci, in Estremo Occidente.

Da sempre ad esse si attribuisce la custodia di

oggetti magici ed a loro viene attribuito il tramonto, quando il cielo assume la colorazione di un melo carico di frutti dorati.

Secondo i racconti mitologici, a guardia di questo grande albero di mele dorate vi era Ladone, un drago che ne avvolgeva costantemente il tronco perimpedire il furto dei frutti d'oro ed Elio, il dio del sole, una volta compiuto il suo transito nei cieli con il proprio carro fiammante, si recava nel giardino delle Esperidi per scendere dal carro, determinando il tramonto che, infatti, vede calare ilsole ad Occidente.

Secondo un'altra versione del mito di matrice filosofica, come frutto dell'unione tra l'Aria ed il Giorno nacquero la Madre Terra, il Cielo ed il Mare.

Anche l'Aria e la Madre Terra si unirono e da esse nacquero il Terrore, la Destrezza (intesa come l'abilità ladresca), la Collera, la Lite, il Giuramento,la Vendetta, l'Intemperanza, l'Alterco, il Trattato, l'Oblio, la Paura, il Valore, la Battaglia; non solo, da questa unione nacquero anche Oceano, Metide e gli altri Titani, Tartaro e le Tre Erinni (dette anche Furie).

Da un'unione tra la Terra e il Tartaro nacquero iGiganti.

Si unirono pure il Mare ed i suoi Fiumi e nenacquero le Nereidi.

Non esistevano però gli esseri umani, i mortali, finché Prometeo, figlio del titano Giapeto, chiese ed ottenne il consenso della dea Atena per plasmarli a immagine e somiglianza degli dei impastando la creta con l'acqua del Panopeo, fiume della Focide; Atena soffiò la vita dentro di loro.

Un altro mito filosofico ipotizza l'esistenza di un Dio di Tutte le Cose (chiunque egli fosse non è indicato con un nome preciso, se non da alcuni che lo chiamano Natura), apparso all'improvviso nel marasma del Caos, che separò la terra dal cielo, le acque dalla terra e la parte superiore dell'aria dalla sua parte inferiore.

Dopo aver operato una separazione l'uno dall'altro anche degli elementi naturali, li dispose nell'ordine

che ancor oggi si conosce. Il Dio di Tutte le Cose divise anche la terra in zone, alcune molto calde ed altre dominate dal gelo, altre temperate; inoltre il Dio modellò la Terra in pianure e montagne, la rivestì di erba e di alberi.

Sopra la Terra, il Dio pose il firmamento scintillante di stelle e assegnò loro la direzione ai quattro venti.

Popolò inoltre le acque del Creato con i pesci ed i mostri marini, la terra con gli animali, il cielo con il sole, la luna e i cinque pianeti.

Infine il Dio creò l'essere umano che, unico tra tutti gli animali, volge il proprio volto verso il cielo per scrutare i corpi celesti.

Le Cinque Età dell'essere umano secondo Esiodo

Le classiche Cinque Età dell'essere umano furono compilate per la prima volta in una poesia dell'VIII secolo a.C. scritta da un pastore di nome Esiodo che, insieme ad Omero, è stato uno dei primi poeti epici greci.

Probabilmente Esiodo ha basato il suo lavoro su una leggenda più antica non identificata, forse proveniente dalla Mesopotamia oppure dall'Egitto.

Secondo la leggenda greca, Esiodo era un contadino che viveva nella regione della Beozia e che un giorno, mentre stava pascolando le sue pecore, incontrò le Nove Muse.

Le Nove Muse erano le figlie di Zeus e Mnemosyne (Memoria), esseri divini che hanno ispirato artisti di ogni tipo inclusi poeti, oratori e musicisti.

Per convenzione, le Muse venivano sempre invocate all'inizio di un poema epico.

Apparendogli quel giorno, le Muse ispirarono Esiodo a scrivere il poema epico di 800 righe intitolato Opere e Giorni; in esso, Esiodo racconta tre miti: la storia del furto del fuoco da parte di Prometeo, la storia di Pandora ed il suo vaso pieno dei mali del mondo e le Cinque Età dell'essere umano.

Le Cinque Età dell'essere umano è parte della storia della creazione greca, che traccia il lignaggio dell'umanità attraverso cinque Età successive tra

cui l'Età dell'Oro, l'Età dell'Argento, l'Età delBronzo, l'Età degli Eroi ed il presente (fino adEsiodo) identificato come Età del ferro.

Le Cinque Età dell'essere umano sono un lungo passaggio di continua degenerazione, che traccia le vite degli umani come discendenti da uno stato di innocenza primitiva al male, con un'unica eccezione per l'Età degli Eroi.

Alcuni studiosi hanno notato che Esiodo intrecciava insieme il mitico ed il realistico, creandouna storia mista basata su un racconto antico a cui si poteva fare riferimento e da cui si poteva imparare.

-L'Età dell'Oro

Alcuni autori negano che gli esseri umani siano stati creati da Prometeo, oppure che siano nati daidenti di un drago come vorrebbe un'altra linea di pensiero.

Questi stessi autori, invece, sostengono che la Terra generò gli esseri umani in maniera spontanea, proprio come è avvenuto con i suoi frutti migliori, e che il primo essere umano a vedere la luce fu

Alalcomeneo, che visse nei pressi del Lago Copaide, in Beozia, prima ancora che esistessero la Luna ed il Sole.

Alalcomeneo fu il consigliere di Zeus quando il dio venne a contesa con Era, e fu addirittura tutore di Atena durante la tenera età della dea.

La stirpe nata da Alalcomeneo costituisce quell'umanità che visse l'Età dell'Oro e che fu sottola sudditanza di Crono.

In questo periodo gli esseri umani vivevano senza pena e senza fatica, nutrendosi di ghiande, di frutta selvatica e del miele che stillava dalle piante, bevendo il latte delle pecore e delle capre. Fra svaghi e danze, in serena allegria, questi esseri umani non invecchiavano mai e la morte per loro non era più temibile del sonno.

Gli esseri umani appartenenti a questa Età si sonoestinti ma i loro spiriti sopravvivono, come portatori di buona fortuna e come difensori della giustizia.

-L'Età dell'Argento

Poi vi fu la stirpe dell'Età dell'Argento, anch'essacreata dagli dei.

Durante l'Età d'Argento di Esiodo, Zeus era già al comando dell'Olimpo.

Zeus fece in modo che questa generazione di esseri umani fosse creata come enormemente inferiore agli dei, sia in apparenza che in saggezza.

L'anno, durante questa Età, fu diviso in quattro stagioni e l'essere umano doveva lavorare la terra piantando grano e cercare riparo ma la sua infanziadurava cento anni.

Gli esseri umani erano in tutto e per tutto soggetti alle madri e non osavano disobbedire ai loro ordini.

Benché litigiosi ed ignoranti, questi esseri umani non imbastivano guerre lunghe e sanguinose ma non officiavano mai sacrifici agli dei e per questo si attirarono l'inimicizia di Zeus che, sdegnato, li distrusse tutti.

Alla loro morte, questi esseri umani sono diventati spiriti benedetti degli inferi.

-L'Età del Bronzo

Poi sopraggiunse la stirpe dell'Età del bronzo, i cui esseri umani, per volere di Zeus, caddero dai frassini come frutti maturi e portavano armi di

bronzo.

Gli esseri umani dell'Età del Bronzo erano terribili, forti e bellicosi, indossavano armature di bronzo e le loro case erano dello stesso materiale e non

mangiavano pane, vivendo principalmente di carne.

Fu questa generazione di esseri umani ad essere distrutta dal diluvio ai giorni di Deucalione e Pirra, figlio di Prometeo. Quando gli esseri umani dell'Età del Bronzo morirono, andarono negli inferi.

-L'Età degli Eroi

Anche la quarta stirpe appartenne all'Età del Bronzo», ma fu più nobile e generosa perchégenerata dagli dei in madri mortali.

Essi si batterono valorosamente all'assedio di Tebe, nella spedizione degli Argonauti e nella guerra contro Troia.

L'Età degli Eroi è considerata da Esiodo come un vero periodo storico, in riferimento all'Età Micenea ed alle storie raccontate dal poeta Omero.

L'Era degli Eroi era un periodo migliore, più giusto, in cui gli esseri umani erano semidei forti, coraggiosi ed atti a gesta eroiche.

È questa l'Età che vede compiersi, tra le altre, l'epopea di Achille, di Ercole, di Odisseo.

Molti furono distrutti dalle grandi guerre della leggenda greca. Dopo la morte, alcuni sono statidestinati agli Inferi ed altri alle Isole dei Beati.

-L'Età del Ferro

La quinta stirpe di esseri umani è quella attuale, appartenente all'Età del Ferro.

Gli esseri umani appartenenti a questa Età sono indegni discendenti di quelli dell'Età degli Eroi: crudeli, ingiusti, infidi, libidinosi, empi e traditori.

In questa Età del Ferro, tutti gli esseri umani moderni furono creati da Zeus come malvagi ed egoisti, oppressi dalla stanchezza e dal dolore, tanto che ogni sorta di mali vennero alla luce durante questa Età.

Si assiste ad una scomparsa della pietà e delle altre virtù e la maggior parte delle divinità che erano rimaste sulla Terra le abbandonarono ed Esiodo predisse in maniera lapidaria che Zeus un giorno

avrebbe distrutto questa stirpe.

CAPITOLO 3
I TITANI E LA TITANOMACHIA DI ESIODO

I Titani sono i figli di Urano (Cielo) e Gea (Terra).

Secondo Omero furono tre: Giapeto, Rea e Crono mentre Esiodo, nella sua Teogonia, riferisce che furono dodici: sei maschi (Oceano, Ceo, Crio, Iperione, Giapeto, Crono) e sei femmine (Tea, Rea, Temi, Mnemosine, Febe e Teti).

I Titani sono, nella mitologia e nella religione greca, le più antiche divinità, nate prima degli Olimpici.

Titanidi erano invece chiamate, per estensione, le loro sorelle, mogli e compagne.

I Titani vengono identificati come le forze primordiali dell'universo, che imperversavano sul mondo prima dell'intervento regolatore e ordinatore degli dei olimpici che posero fine al caos.

Dopo i Titani, l'unione tra Gea e Urano genera i tre Ciclopi Bronte, Sterope ed Arge e gli Ecatonchiri, i Giganti Centimani: Cotto, Briareo e Gige dalla forza terribile.

Urano getta i tre Ecatonchiri ed i tre Ciclopi nel Tartaro, un luogo che dista dalla Terra quanto la Terra dista dal Cielo ed in cui, secondo il raccontomitologico, un'incudine precipita per tre giorni e tre notti prima di toccare il suolo.

La ragione di questo rifiuto paterno risiederebbe secondo alcuni autori nella loro mostruosità, secondo altri in una ribellione che non ebbe successo.

Gea, a quel punto, costruisce una falce dentata e chiede agli altri figli, i Titani, di mettersi contro il volere del padre Urano.

Solo il più giovane dei sette Titani, Crono, risponde all'appello della madre: appena Urano cade nel sonno egli lo evira, afferrandogli i genitali con la sinistra, che da quel giorno fu sempre considerata come la mano del malaugurio, e gettandoli poi assieme al falcetto in mare, presso Capo Drepano.

Gocce di sangue sgorgate dalla ferita caddero sulla Madre Terra, ed essa generò le Tre Erinni, furie che puniscono i crimini più atroci come quelli di

parricidio e di spergiuro; esse sono chiamate Aletto, Tisifone e Megera.

Anche le Ninfe del frassino, chiamate Melìe, nacquero dal contatto di quel sangue con la Madre Terra.

In seguito, i Titani soccorsero i Ciclopi e li liberarono dal Tartaro ed il dominio della Terra andò a Crono.

Questi però, temendo di essere detronizzato come suo padre, esiliò nuovamente sia i Ciclopi che i Giganti Centimani e tutti gli altri Titani, prese in moglie sua sorella Rea e pose il suo trono sull'Elide.

Dopo la caduta di Crono per mano del figlio Zeus, che riuscirà a liberare anche tutti i suoi fratelli dal ventre del padre che li aveva divorati, anche i Titani, situatisi sul Monte Otri, insorsero per rivendicare il proprio posto.

Le divinità olimpiche, dopo la detronizzazione di Crono, non potevano che provare un odio profondo per il genitore e gli altri Titani suoi simili, tanto che fu subito subito chiaro come tra gli dei olimpici ed i Titani sarebbe scoppiata una guerra.

Gli dei, per gratitudine, offrirono il comando a Zeus, mentre i titani scelsero come capo Atlante.

La guerra tra i Titani e gli Olimpici è narrata nella Titanomachia, un poema mitologico anche esso parte della Teogonia di Esiodo.

La guerra imperversò per dieci anni a successi alterni, finché Rea non pronuncerà una profezia secondo cui la fazione olimpica non avrebbe mai potuto vincere senza l'appoggio dei Ciclopi e dei Giganti Centimani, anche essi precipitati nel Tartaro ed ancora lì imprigionati.

A guardia della prigione posta nelle profondità del Tartaro vi era la carceriera Campe, un essere che appariva per metà con le sembianze di una anziana signora e per metà come un drago ricoperto da serpenti, con teste di animali che talvolta si formavano lì dove le due metà si congiungevano, mentre la pelle ribolliva.

Zeus affronta Campe, in un duello in cui l'Olimpico doveva porre grande attenzione a non essere ferito dalle due spade avvelenate di cui la carceriera era armata, riuscendo ad avere la meglioe ad ucciderla.

Dopo avere liberato i Ciclopi ed i Giganti Centimani, Zeus offre loro nettare ed ambrosia perconsentirgli di recuperare le forze.

Come segno di gratitudine, i prigionieri appena liberati donano delle armi prodigiose agli Olimpici: a Zeus fu donato il fulmine, a Poseidone fu donato il tridente e per Ade ci fu il dono di un elmo che rendeva invisibile chi lo indossava.

Forti di questi prodigiosi oggetti, i tre si recarono sul Monte Otri e, mentre Poseidone affrontava Crono con in suo tridente, Zeus lo colpiva con i fulmini ed Ade gli si avvicinava invisibile per rubargli le armi; nel frattempo i Giganti Centimani tartassavano gli altri Titani con uno spietato lancio di massi, reso letale dalla caratteristica fisica di questi esseri nel loro disporre di numerosi arti ed il tocco finale fu dato da un lacerante urlo del dio Pan che mise definitivamente in fuga i Titani; la paura trasmessa ai Titani da questo prodigioso urlo di Pan divenne proverbiale e da questo episodio è generata la parola panico.

La Titanomachia si conclude quindi con la vittoria degli dei Olimpici, che confinarono gli sconfitti nel Tartaro, sotto la sorveglianza dei Giganti Centimani.

Atlante, capo della fazione sconfitta, fu condannato a reggere il peso della volta del cielo sulle proprie spalle, mentre le Titanidi non subirono punizioni,

grazie all'intervento di Rea e Meti.

Ebbe così inizio il dominio degli dei Olimpici: Zeus divenne padrone del cielo, Poseidone del mare e Ade dell'oltretomba.

I Titani non ebbero mai più modo di riaversi, portando così a una stabilizzazione definitiva delledivinità dominanti.

Secondo un'interpretazione in chiave di lettura storica si potrebbe vedere Zeus, Poseidone ed Ade come simboli delle invasioni elleniche che sono state trascritte negli annali come Ionica, Eolica ed Achea.

Le popolazioni ioniche ed eoliche furono annesse dalle culture pre-elleniche, ma ciò non avvenne con gli Achei, che invece ne ebbero la meglio.

Gli Eoli, intorno al II millennio a.C., erano con ogni probabilità diventati sudditi degli Achei e ne avevano, di conseguenza, dovuto accettare il pantheon degli Olimpici.

Inoltre sembrerebbe che Zeus fosse un appellativoregale, in tempi antichi, e che solo in seguito sia stato riservato al padre degli dei greci.

Stando a quanto ci è pervenuto attraverso Tallo, uno storico vissuto nel I Secolo d.C., la vittoria di Zeus contro i Titani avvenne trecentoventidue anniprima della guerra di Troia; questo porterebbe a un periodo attorno al 1500 a.C., una data verosimile per l'espansione ellenica in Tessaglia.

CAPITOLO 4
GLI DEI DELL'OLIMPO

La religione dell'antica Grecia presenta un affascinante culto politeista dedicato ad un pantheon (parola con cui si indica l'insieme delle divinità venerate in un culto) che unisce, attraverso il mito, i misteri dei fenomeni naturali alla complessa psicologia umana.

Gli dei dell'Olimpo infatti, benché eterni ed immortali, assumono forme e comportamenti tipici

dei comuni mortali: si innamorano, si arrabbiano, sono colti da invidie e litigano come qualsiasi essere umano.

I greci ritenevano che ogni sentimento, azione oppure evento naturale, fosse attribuibile al voleredi una specifica divinità , la quale interagiva a suopiacimento negli affari del mondo terrestre.

Gli Olimpi, detti anche Dodekatheon, dal Greco δώδεκα (dodeka), dodici e θεῶν (theon), tra gli dèi, sono le dodici divinità principali della mitologia greca.

Il nome deriva dal fatto che abitassero sul Monte Olimpo, un monte talmente alto e sempre attorniato dalla nebbia tanto che la sua vetta, dove si trova la dimora degli dei, non è visibile dal basso.

Sono esseri soprannaturali e immortali, che governano la vita e la morte degli esseri umani.

Oltre alle divinità minori, i Dodici Olimpi erano: Zeus, Era, Poseidone, Demetra, Artemide, Ares, Apollo, Dionisio, Efesto, Ermes, Atena, Afrodite.

Gli Olimpi appartengono ad una terza generazione divina, datosi che si possono riscontrare tre fasi mitologiche:

La fase cosmogonica in cui avviene la nascita dell'universo ed in cui non ci sono divinità vere e proprie ma piuttosto entità generatrici e simboliche tra cui un ruolo rilevante è assunto da Urano, essere divini da cui di fatto discende la stirpe Olimpica;

La seconda generazione di esseri divini è costituita dai Titani, cui appartiene anche Crono, venerati dai Greci pelasgi;

La terza generazione, cui appartengono i Dodici Olimpi che hanno spodestato l'egemonia di Crono durante la Titanomachia.

Si deduce, dunque, che gli Olimpi dovrebbero essere i nipoti di Urano, ma le genealogie degli dèi dell'antica Grecia sono intricate tra loro e difficili da seguire senza fare confusione.

Tutto questo è spiegato dal fatto che, in caso di avvicendamento di élite diverse, ogni gruppo al potere dichiarava il proprio pantheon, oppure il proprio dio, superiore agli altri, di fatto forzando i miti preesistenti per giustificare tale cambiamento.

Ad esempio i Titani erano le divinità venerate dai

Pelasgi, le popolazioni greche che probabilmente erano autoctone

Con l'arrivo degli invasori elleni le connotazioni di queste divinità vengono attribuite agli dèi della nuova generazione, gli Olimpi: basti ricordare Atena, dea della saggezza, che uccide il titano Pallade, patrono del medesimo attributo.

In altri miti, invece, alcuni dèi vengono presentati come figli di divinità in realtà più giovani, come Afrodite, generata da Urano, successivamente indicata come figlia di Zeus, in realtà nipote di Urano stesso.

Zeus

Riguardo la nascita di Zeus, il grande mitologo Robert Graves sostiene il culto di un racconto mitologico alternativo, del tutto differente da quello trasmesso da Esiodo nella sua Teogonia.

In questa versione alternativa del mito, Zeus sarebbe stato partorito da Rea non sul Monte Ida che svetta sull'isola di Creta ma sul Monte Liceo in Arcadia, dove la tradizione sostiene che i corpi non proiettano ombra e per questo scelto da Rea come luogo più adatto ad un parto che dovette avvenire in gran segreto, per impedire a Crono di divorare ilneonato.

Dopo avere messo alla luce Zeus, Re lo affidò alla Madre Terra e costei condusse Zeus a Litto, sull'isola di Creta, per nascondere il bambino nellaGrotta Dittea sulla Collina Egea la cui ubicazione non è stata mai individuata.

Quì Zeus fu custodito dalla ninfa dei frassini Adrastea e da sua sorella Io, entrambe figlie del Redi Creta, Melisseo.

Il bambino era nutrito con miele e con il latte della capra

Amaltea, in compagnia del suo fratellastro Pan.

Zeus fu molto riconoscente alle tre ninfe per la bontà che avevano dimostrato verso di lui e, quando divenne signore di tutte le cose, incise tra le stelle del firmamento l'immagine di Amaltea, conosciuta dai mortali come la costellazione del Capricorno.

Prese poi una delle corna di Amaltea che da bambino aveva inavvertitamente spezzato a causa della sua prodigiosa forza divina, tanto grande che sembrava un corno di mucca e le diede il potere di traboccare di oro e ricchezze all'infinito e la regalò alle figlie di Melisseo: il corno divenne così la famosa Cornucopia.

Secondo il commediografo Filemone, invece, Zeus fu allattato da una scrofa che intratteneva il bambino facendosi cavalcare e che il futuro Re dell'Olimpo perse il proprio cordone ombelicale vicino Cnosso, ad Onfalio.

La culla dorata di Zeus era appesa ad un albero per

impedire che Crono, il quale poteva spaziare il proprio sguardo sul cielo, sul mare e sulla terra, potesse trovarlo; di fatti, grazie a questo semplice ma efficace stratagemma, il bambino non si trovava in nessuno dei tre piani ed era lontano dagli occhi dell'indegno padre.

A guardia della culla di Zeus vi erano i Cureti, principi dell'Eubea esuli sull'Isola di Creta insieme alla madre Calcide, che si offrirono di coprire il pianto del piccolo Zeus con il rumore delle propriedanze e sbattendo le proprie spade sugli scudi, per impedire a Crono di udire il piccolo Zeus anche a grande distanza.

Tuttavia, con il trascorrere del tempo Crono cominciò a sospettare la verità ed iniziò ad inseguire Zeus, che trasformò se stesso in serpente e le sue nutrici in orse: ecco il motivo per cui brillano in cielo le costellazioni del Serpente e delleOrse.

Callimaco, nelle sue Metamorfosi, mostra come iCretesi, che uno scherzoso luogo comune greco indica come tutti bugiardi, sostengono che Zeus nasce ogni anno nella stessa grotta tra lampi e pioggia di sangue e che ogni anno muore ed è sepolto.

Zeus crebbe tra i pastori del Monte Ida, nascondendosi in un'altra caverna finché, raggiunta la maggiore età, si rivolse a Meti, Titanide che viveva presso il fiume Oceano, e questa gli suggerì di recarsi da sua madre Rea e di chiedere che gli venisse affidato l'incarico di coppiere personale di Crono. Rea fu felicissima diaiutare il figlio ad attuare quella vendetta che ella stessa sognava da tempo, dunque fornì a suo figliol'emetico (farmaco atto a provocare il vomito) che, secondo il suggerimento di Meti, egli doveva mescolare alle bevande di Crono.

Crono, dopo avere molto bevuto, vomitò dapprima la pietra che aveva divorato con l'inganno al posto di Zeus, poi i fratelli e le sorelle maggiori del futuro Re dell'Olimpo, che balzarono in piedi illesi e, in segno di gratitudine, chiesero a Zeus di guidarli nell'imminente guerra contro i Titani, che si erano scelti il Atlante come capo a causa del fatto che, ormai, Crono aveva raggiunto una certa età e non era più energico e lucido come un tempo.

Secondo quanto trasmessoci dal geografo Pausania, dopo le

vicende della Titanomachia fu Zeus stesso a porre a Delfi la pietra vomitata da Crono ed essa

si trova ancora sul luogo, sempre unta di olio e circondata da bioccoli di lana non tessuta, probabilmente provenienti dal vello della capraAmaltea.

Era

Era, sorella e sposa di Zeus, apparteneva al gruppo delle divinità più importanti, dea del matrimonio, della fedeltà coniugale e del parto, Era veniva considerata la Regina dell'Olimpo e le sono attribuiti come simboli la vacca ed il pavone.

Appena nata, fu brutalmente divorata dal padre insieme ai fratelli ma, grazie ad una congiura orditada Rea ed attuata da Zeus, il padre rigurgitò i figli.

Era fu allevata nella casa di Oceano e Teti e poi nelGiardino delle Esperidi anche se, secondo altre fonti, Era sarebbe cresciuta sulla cima del Monte Ida, dove fu celebrato il matrimonio con Zeus.

La sua continua lotta contro le scappatelle extraconiugali del consorte diede origine al tema ricorrente della Gelosia di Era che costituisce l'input per quasi tutte le leggende e gli aneddoti relativi al suo culto.

Era veniva ritratta in atteggiamento maestoso e solenne, spesso seduta sul trono e con la testa adorna del polos, il tipico copricapo di forma cilindrica indossato dalle dee madri più importanti di numerose culture antiche.

In quasi tutte le sue raffigurazioni, Era stringeva in mano una melagrana, simbolo di fertilità e di morte usato anche per evocare, grazie alla somiglianza della sua forma, il papavero da oppio.

Omero definì Era come la dea boopide, ovvero dagli occhi bovini, per l'intensità dello sguardo concui veniva ritratta.

Era, molto sofferente ed iraconda a causa dei tradimenti del marito, odiava in maniera particolare Eracle poichh il semidio era il preferitodi Zeus.

L'idiosincrasia di Era nei confronti di Eracle condusse la Regina dell'Olimpo ad odiare tutto il genere umano, a causa della natura umana dell'eroe: conosciuta come la più vendicativa fra le divinità, spesso manipolava gli esseri umani come marionette per renderli esecutori del suo volere

distruttivo.

Era sceglieva i propri campioni spedendo loro delle piume di pavone, animale a lei sacro.

Il nome di Eracle sta a significare letteralmente gloria di Era, e il motivo di questa particolarità ha trovato varie spiegazioni, specie nell'antichità: forse perché fu a motivo delle persecuzioni di Era che Eracle dovette compiere le sue famose impreseed ottenere la gloria, oppure perché probabilmente Eracle fu allattato dalla dea, che può dunque vantarsi di avere allattato un eroe così di spicco.

A proposito di questo probabile allattamento, in una descrizione dell'origine della Via Lattea si sostiene che Zeus aveva indotto con l'inganno Era ad allattare Eracle, per renderlo immortale ma, quando si era accorta di chi fosse il bambino, la Regina dell'Olimpo lo strappò via dal petto all'improvviso e uno schizzo del suo latte formò incielo la striscia di luce biancastra, che ancor oggi possiamo vedere, e che perciò è chiamata Via Lattea.

Un'altra versione afferma che fu Ermes ad avvicinare Eracle al seno di Era, che era addormentata, per fargli bere il latte che lo avrebbe

reso immortale ma, a causa di un morso di Eracle, Era si svegliò e, togliendo repentinamente il seno di bocca ad Eracle, uno spruzzo del suo latte ne fuoriuscì formando la Via Lattea.

Un'altra spiegazione al paradossale significato delnome di Ercole la si trova nel fatto che, dopo che Era fece impazzire Eracle per fare in modo che, fuori di sé, uccidesse i propri figli, l'eroe si recò all'oracolo di Delfi e quì la sacerdotessa di Apollo

gli ingiunse di andare dal cugino Euristeo, a Tirinto.

In questo luogo, Eracle avrebbe dovuto servire Euristeo e compiere tutte le imprese che lui gli avrebbe imposto, il tutto avrebbe dovuto farlo perla gloria di Era, e da quel momento in poi il semidio si sarebbe chiamato Eracle, cioè Gloria di Era.

Quando Alcmena era incinta di Eracle, Era tentò di impedirne la nascita facendo annodare le gambe della partoriente.

Alcmena fu salvata dalla sua serva Galantide, che mentì ad Era dicendole che il parto era già avvenuto, in modo da farla desistere.

Scoperto l'inganno, per punizione Era trasformò

Galantide in una donnola.

Inoltre, quando Eracle era ancora un bambino, Era mandò due serpenti ad ucciderlo mentre dormiva nella sua culla ma Eracle, da sempre dotato della sua proverbiale forza prodigiosa, strangolò i due serpenti afferrandoli uno per mano ed al mattino la sua nutrice lo trovò che si divertiva con i loro corpicome fossero giocattoli; questo aneddoto è costruito attorno alla figura dell'eroe che stringe un serpente per ogni mano, esattamente come la famosa dea dell'epoca minoica che reggeva in mano i serpenti.

Poseidone

Poseidone, nella mitologia greca, è il dio del mare, dei terremoti e dei maremoti tanto che è conosciuto anche con l'epiteto (appellativo) di Enosìctono, chesignifica Colui che scuote la Terra.

Figlio di Crono e di Rea, fratello maggiore di Zeus, rientra da sempre nel gruppo dei Dodici Olimpi

maggiori.

Sposa di Poseidone era Anfitrite, una ninfa del mare figlia del precedente signore dei mari Nereo, che diede alla luce una prole di quattro figli: Tritone, un essere mezzo uomo e mezzo pesce; Roda, ninfa marina protettrice dell'isola di Rodi, che prende il nome in suo onore, e sposa del dio del vento Elio; Cimopolea, dea minore delle tempeste marine; Bentesicima, dea minore delle onde.

Originariamente, Poseidone era il dio dell'acqua e solo in seguito il suo culto fu associato al mare; questo perché l'ambiente originario dei Greci fu dapprima continentale, in seguito la popolazione si spostò verso le coste e questo è dimostrato dalla rarità della matrice greca nei nomi delle creature marine.

Inoltre, a Poseidone è attribuita la creazione del cavallo, animale che il dio avrebbe donato all'umanità facendolo balzare dalle onde del mare.

Datasi stretta relazione tra la figura di Poseidone

sia con il mare che con i cavalli e considerando la lontananza dal mare delle zone in cui abitavano gli antichi indoeuropei, alcuni studiosi ritengono che Poseidone in origine nasca come un dio dalle fattezze di cavallo e che solo in seguito sia stato assimilato alle divinità acquatiche orientali, quando i popoli greci mutarono la loro fonte di sostentamento principale passando dalla coltivazione della terra allo sfruttamento del mare con la pesca ed il commercio marittimo.

Secondo il geografo Pausania, Poseidone era uno dei custodi dell'Oracolo di Delfi, prima che Apollo ne assumesse la sovranità; infatti Apollo e Poseidone spesso si occuparono degli stessi aspetti delle vicende umane: ad esempio, durante la fase della fondazione di nuove colonie il dio Apollo, utilizzando l'Oracolo come tramite, dava ai coloni il suo benestare alla partenza ed indicava loro i luoghi migliori dove stabilirsi, mentre Poseidone si prendeva cura dei coloni durante la navigazione verso la nuova patria e procurava le acque lustrali per celebrare i sacrifici propiziatori per la fondazione della nuova città.

Senofonte, nella sua Anabasi, descrive un gruppo

di soldati Spartani che intonano un peana, un tipo di inno che in genere veniva dedicato ad Apollo, inonore di Poseidone.

Nell'antichità si credeva che Poseidone potesse rovesciare intere isole con il suo tridente, comeaccadde con l'isola di Tia.

Poseidone aveva la capacità di provocare alcune forme di disturbo mentali, come pure Dioniso e le Menadi: uno dei testi di Ippocrate riporta come all'opera di Poseidone fosse attribuito l'insorgere dialcuni tipi di epilessia.

Poseidone era venerato come divinità principale in molte città greche: ad Atene era considerato secondo soltanto ad Atena, mentre a Corinto e in molte città della Magna Grecia era considerato il patrono della polis e le celebrazioni in onore di Poseidone si tenevano in molte città del mondo greco all'inizio della stagione invernale.

I marinai rivolgevano preghiere a Poseidone

perché concedesse loro un viaggio sicuro e spesso, come sacrificio propiziatorio, annegavano dei cavalli in onore del dio del mare.

Quando Poseidone mostrava il lato benigno della sua natura, creava nuove isole come approdo per i naviganti e offriva un mare calmo e privo di tempeste mentre, quando si sentiva offeso oppure si sentiva ignorato, colpiva la terra con il suo tridente per provocare mari tempestosi e terremoti, annegando chi si trovasse in navigazione e affondando le imbarcazioni.

L'iconografia classica di Poseidone lo ritrae alla guida del suo carro trainato da cavallucci marini oppure da cavalli capaci di correre sulle acque del mare, spesso era rappresentato circondato da delfini e con in mano il suo tridente.

Secondo Esiodo, Poseidone è fratello maggiore di Zeus, mentre secondo Omero ad essere il maggiore sarebbe Zeus, Poseidone il secondogenito ed Ade ilterzo.

Infatti Esiodo racconta che, come i suoi fratelli e

sorelle, Poseidone venne divorato dal padre Crono e successivamente rigurgitato grazie al vino alterato che Zeus fece bere a Crono con l'inganno.

Secondo altre versioni del racconto mitologico, invece, Rea riuscì a salvare Poseidone: secondo Pausania, Rea diede in pasto al marito un puledro e nascose il figlio in un branco di cavalli; secondo Diodoro Siculo, la madre affidò il figlio alle cure dei Telchini, magici abitanti di Rodi, e dell'Oceanina Cefira.

Nella Titanomachia, Poseidone sconfisse Crono ed i Titani insieme a fratelli e sorelle, con il decisivo intervento dei Giganti Centimani e dei Ciclopi, che forgiarono il tridente, la sua arma iconica.

I Titani furono scaraventati nel Tartaro e fu Poseidone stesso a provvedere alla costruzione delle mura di bronzo che li tennero prigionieri persempre.

Demetra

A presiedere la natura ed il raccolto, nella mitologia greca vi era Demetra, figlia di Crono e diRea nonché sorella e sposa di Zeus.

Dal suo matrimonio con Zeus, la dea ebbe una figlia di nome Persefone mentre dalla sua unione con Iasone, figlio di Zeus e della ninfa Elettra, concepì Pluto che sarebbe poi diventato il dio della ricchezza.

Inoltre, sembrerebbe che Demetra si sia unita anche a Poseidone sotto forma di giumenta, dando alla luce il mitico cavallo Arione che, secondo Pausania,sarebbe appartenuto anche ad Eracle.

Per finire, Demetra avrebbe avuto due figli anchecon un semidio di nome Carmanor: Crisotemide protettrice degli agricoltori ed Ebulo.

Demetra dispensò in dono all'umanità la conoscenza delle tecniche agricole: la semina,l'aratura, la mietitura e le altre correlate.

La dea veniva particolarmente venerata dagli abitanti delle zone rurali, in parte perché beneficavano direttamente della sua protezione, in parte perché nelle campagne c'è una maggiore tendenza a mantenere in vita le antiche tradizioni

di cui Demetra era protagonista, datosi che aveva un ruolo centrale nella religiosità Greca delle epoche arcaiche.

In esclusiva relazione al suo culto sono statetrovate offerte votive, come statuette di creta raffiguranti porcellini, realizzate già in Età Neolitica.

Omero, nei suoi Inni, la invoca come la Portatrice di Stagioni.

Questo costituisce un pallido indizio di come Demetra fosse venerata già da molto tempo prima dell'affermazione del culto degli Olimpi, poiché l'inno omerico a Demetra è stato datato intorno al VII Secolo a.C.

Le figure di Demetra e di sua figlia Persefone erano ritenute fondamentali nelle celebrazioni dei Misteri Eleusini, anche questi riti di Età Arcaica, di un periodo assai antecedente al culto dei dodici dèi dell'Olimpo.

Secondo Isocrate, retore ateniese, i più grandi doni di Demetra all'umanità sono stati i cereali, il cui nome deriva dall'appellativo romano di Demetra: Cerere, che hanno reso l'essere umano diverso

dagli animali selvatici, ed i Misteri con cui è consentito all'essere umano di coltivare speranze più elevate per la vita terrena e per ciò che dopo quella vita verrà.

Demetra viene spesso confusa con Gaia, Rea oppure Cibele ed è per questo che l'epiteto di Madre Terra con cui la dea viene più frequentemente già ne rivela la molteplicità e l'importanza delle funzioni nella vita quotidiana del tempo: Demetra e Kore (la fanciulla) erano in genere invocate come le Due Dee (τώ θεώ) e questa definizione appare già nelle iscrizioni trovate a Pilo pervenuteci in scrittura Lineare B di epoca micenea.

Dunque è certamente plausibile che vi sia una connessione con i culti dedicati alle due dee nellaciviltà minoica di Creta.

Nelle opere del poeta Teocrito si trovano tracce di quello che fu il ruolo di Demetra nei culti arcaici poiché, scrive Teocrito, per i Greci Demetra era ancora la dea dei papaveri e che nelle mani reggeva fasci di grano e papaveri.

Una statuetta d'argilla trovata sull'Isola di Creta, a Gazi, rappresenta la dea del papavero adorata nellacultura minoica mentre porta i baccelli di questa

pianta incastonati in un diadema, conosciuti già all'epoca come fonte di nutrimento e di oblio.

È dunque assai probabile che la Grande Madre, dalla quale derivano i nomi di Rea e Demetra, insieme al suo culto abbia portato con sé da Creta anche l'uso del papavero nei Misteri Eleusini, ed è certo che durante la celebrazione dei riti celebrati a Creta si consumasse oppio preparato con questo fiore.

Quando Esiodo attribuì a Demetra una genealogiaper inserirla nel Pantheon classico greco, diventò figlia di Crono e Rea, sorella maggiore di Zeus e lesue sacerdotesse erano chiamate Melisse.

Nella città di Pellené, in Arcadia, si officiavano una serie di cerimonie in onore di Demetra di Misia cheduravano sette giorni.

Pausania visitò il santuario di Demetra di Misia, che si trovava sulla strada che andava da Micene ad Argo, ma la sola notizia che fu in grado di trovare per spiegare questa arcaica denominazione è la leggenda riguardante un tale Misio, antico fedele di Demetra.

Demetra era molto amata in quanto portatrice di prosperità nel raccolto ma era anche temuta allo stesso modo, in quanto aveva anche il potere inverso di provocare carestie, come si narra nel mito di Erisittone, che la offese tagliando degli alberi da un frutteto sacro e che venne punito dalladea a soffrire una fame insaziabile.

Demetra in genere viene raffigurata mentre si trovasu un carro e spesso la sua icona è associata ai prodotti della terra come fiori, frutta e spighe di grano.

Più raramente viene ritratta insieme alla figliaPersefone.

Quasi mai Demetra è stata ritratta con un consorte oppure un compagno, con l'eccezione rappresentata da Iasone, il giovane cretese che giacque con Demetra in un campo arato tre volte eche in seguito venne, secondo la mitologia classica,ucciso per gelosia con un fulmine da Zeus.

Una versione di origine cretese del mito, però, racconta che questo gesto fu invece compiuto da

Demetra stessa, vista nell'incarnazione più anticadella dea.

Dall'unione con il giovane Iasone ebbe Pluto, la divinità della ricchezza.

Artemide

Artemide è per la mitologia greca, la dea della caccia, degli animali selvatici, della foresta, del tiro con l'arco; è anche la dea delle iniziazioni femminili e della luna, patrona della verginità e della pudicizia.

Quando ad Artemide si intendeva avanzare richieste e domande a proposito dei cicli lunari, le si offrivano focacce tonde; mentre quando le si voleva avanzare richieste oppure chiedere protezione a proposito della foresta le si offrivanofocacce con la forma della testa di un cervo,

corrispondente al suo animale sacro.

Artemide nasce dall'unione di Zeus e Latona, figlia dei Titani Febe e Ceo, nonché sorella gemella di Apollo, rientra nel gruppo dei Dodici Olimpi e la sua origine è antichissima.

Più tardi Artemide fu identificata come la personificazione della Luna Crescente, insieme a Selene che personificava la Luna Piena ed Ecate cherappresentava la Luna Calante.

Assieme ad Atena ed Estia, era una dea vergine, armata di archi e frecce d'oro, dimorava nei boschicon i suoi affidabili cani da caccia e con una nutrita schiera di ninfe ed al gruppo di fanciulle che la seguono note come le Cacciatrici di Artemide, immortali in quanto della dea sono le ancelle.

Stando a quanto scrive Esiodo nella sua Teogonia, Zeus si era invaghito di Latona, figlia dei Titani Ceo e Febe e, al momento dell'unione con la giovane il Re dell'Olimpo tramutò Latona e se stesso in una coppia di quaglie.

Senonché Era, Regina dell'Olimpo e moglie di Zeus, decisa a

punire l'adulterio, ordinò al mostro Pitone di perseguitare la donna e di impedirle di partorire

su nessuna terra dove avesse mai brillato il sole.

Latona riuscì a partorire a Delo, un'isola galleggiante e dunque immune alla maledizione di Era; secondo una versione alternativa del mito, quell'isola non era altro che sua sorella Asteria, tramutata in quella forma da Zeus, in quanto non aveva corrisposto l'amore del Dio.

Latona partorì ai piedi del Monte Cinto, dando alla luce prima Artemide, che subito dopo essere nata aiutò la madre a partorire il fratello Apollo.

Altri racconti mitologici riportano che la vendicativa Era, pur di impedire la nascita di Artemide ed Apollo giunse a rapire Ilizia, dea del parto, e che solo l'intervento delle altre divinità riuscì a convincere Era a desistere dal suo intento, dopo che fu offerta alla Regina dell'Olimpo una collana di ambra lunga nove metri.

Nell'Inno ad Artemide del poeta Callimaco, si narrache Artemide, all'età di tre anni di sedette sulle ginocchia di Zeus e chiese al padre di potere rimanere eternamente vergine e di essere conosciuta con molti nomi, come suo fratello

Apollo; chiese inoltre di avere un arco ricurvo forgiato dai Ciclopi e di avere sessanta Oceanine come ancelle e venti ninfe figlie del fiume Amnìso perché si curassero dei suoi calzari e dei suoi cani quando si sarebbe riposata dalla caccia; chiese inoltre a

Zeus di darle tutti i monti e quante città lui volesse dedicarle, dal momento che la dea prevedeva di vivere sui monti e assai di rado in città.

Zeus accontentò la figlia, donandole tre città che avrebbero onorato soltanto lei, e la nominò custodedelle strade e dei porti.

Artemide ringraziò Zeus e si recò subito sul Monte Leuco sull'Isola di Creta, per poi andare presso il fiume Oceano, dove prima scelse molte Ninfe di nove anni come sue ancelle.

Dietro invito di Efesto, la dea andò in visita presso i Ciclopi, sull'Isola di Lipari, e li trovò intenti a fabbricare un trogoll (abbeveratoio) per i cavalli di Poseidone.

Artemide disse ai Ciclopi di trascurare per qualche tempo il trogolo di Poseidone e di forgiarle un arcod'argento e un bel fascio di frecce d'oro promettendo che, in cambio, lei avrebbe loro offerto in pasto la prima preda abbattuta.

Con queste nuove armi fresche di forgia, Artemide si recò in Arcadia, dove Pan le regalò tre cani segugi dalle orecchie mozzate, di cui due bicolori ed uno macchiettato, e sette agili segugi spartani.

Artemide catturò vive due coppie di cerve cornute, quindi le aggiogò ad un cocchio d'oro con redini dello stesso metallo prezioso e le guidò a Settentrione, verso il Monte Emo, in Tracia. In seguito Artemide ritornò in Grecia dove le Ninfe staccarono le cerve dal cocchio, le strigliarono, le nutrirono e le abbeverarono in trogoli in oro.

Artemide è armata di arco, faretra e frecce e manda piaghe e morte ad uomini ed animali, come il gemello Apollo: mentre il dio causava le morti di uomini per mezzo delle sue temibili frecce, allo stesso modo Artemide era dispensatrice di morte per le donne.

Artemide agisce sempre in congiunzione con Apollo: infatti, come Apollo non era solo un dio di distruzione ma aveva anche il potere di allontanare il male da lui stesso inflitto, così Artemide era allo stesso tempo distruttrice e soteira, ovverosia una figura che curava ed alleviava le sofferenze dei mortali.

Ad esempio, Artemide curò Enea quando fu ferito

e portato nel tempio di Apollo.

Inoltre, come in seguito Apollo fu identificato con il Sole, così Artemide venne identificata con la Luna.

Ad ogni modo, ci sono anche fattori che non ravvisano analogie tra le due divinità: Artemide è ben lontana dalla musica e dalla poesia, e non ci sono tracce di lei come divinità a cui sia stato mai intitolato un oracolo, cosa che invece avvenne con Apollo.

Ares

Ares, nella mitologia greca, è figlio di Zeus ed Era, Le sue sorelle erano Ebe, dea della gioventù che andò in sposa ad Eracle, ed Ilizia, divinità che sottintende al parto ed invocata dalle donne

gravide.

Secondo Omero e Quinto Smirneo, Ares aveva una sorella

gemella di nome Eris.

Stando ad un altro racconto mitologico riportato da Ovidio e dal Primo Mitografo Vaticano, Eris e Ares sono stati concepiti da Era al semplice tocco di un fiore di loto, senza che la dea avesse giaciuto con Zeus.

Questa divinità viene molto spesso annoverata tra i Dodici Olimpi come il dio della guerra nel senso più ampio del termine, ma così facendo si commette un'imprecisione in quanto in realtà Ares è il dio solo degli aspetti più crudi e ferali della guerra e della lotta alimentata dalla sete di sangue.

Ares, per la tradizione greca, era una divinità di cui diffidare sempre.

Il luogo di nascita di Ares e la sua vera residenza si trovavano in Tracia, ai limiti estremi della Grecia, luogo caratterizzato da abitanti di indole barbara e bellicosa, luogo in cui Ares decise di ritirarsi subito dopo che lui ed Afrodite vennero sorpresi a fornicare.

Dalla focosa relazione di Ares con Afrodite

nacquero due figli, Deimos (Terrore) e Fobos (Panico), che personificavano gli spiriti delle due forme della paura portate dalla guerra.

Sorelle e degne compagne del sanguinario Ares erano Enio, dea degli spargimenti di sangue nonchè Bia (Violenza) e Cratos, la personificazione della forza bruta.

Quasi sempre Ares scendeva in guerra accompagnato da una

schiera di seguaci, composta da Cidoimo (il demone del frastuono della battaglia), dai Makhai (spiriti della battaglia), dagli Hysminai (gli spiriti dell'omicidio), da Polemos (uno spirito della guerra minore) e dalla figlia di Polemos Alalà, personificazione del tradizionale grido di guerra dei Greci.

Fedele campione di Ares fu anche il soldato Alettrione.

Anche Atena è la divinità che sottende alla guerra ma, mentre il suo campo di azione è quello delle strategie militari e dell'astuzia che solo i più valenti condottieri posseggono, Ares si diverte e si esalta per gli scoppi di brutalità e di violenza fini a sé stessi, meglio se improvvisi e subdoli, che in guerra si manifestano spesso.

Fra gli animali sacri ad Ares si indicano il cane, il

cinghiale e l'avvoltoio.

Il termine Ares, fino all'Età Classica, fu utilizzato anche come aggettivo, per indicare uno stato d'animo infuriato oppure bellicoso; ad esempio si ricordano le forme Zeus Areios, Athena Areia, perfino Aphrodite Areia per indicare una divinità accecata dall'ira.

Grazie ad alcune iscrizioni risalenti all'epoca Micenea ci è pervenuto il termine Enyalios, un nome che è sopravvissuto fino all'Età Classica come secondo nome di Ares nonché come epiteto per indicare uno dei suoi figli.

Anche recitandovi sempre un ruolo da protagonista, raramente Ares risultava vincitore nelle vicende belliche; era invece più frequente che si ritirasse dalla contesa, come quando combatté a fianco di Ettore contro Diomede, oppure nella mischia degli Dei sotto le mura di Troia.

In entrambi questi casi, Ares si rifugiò sull'Olimpoperché messo, in maniera diretta oppure indiretta, in seria difficoltà da Atena: con il racconto di tali

vicende il mito ammonisce su come la brutalità impersonata da Ares soccomba sempre davanti la lucida razionalità incarnata dalla saggia Atena.

Altre volte la furia brutale di Ares si trovò contrapposta e vanificata da eroi oppure semidei, come per esempio dalla brillante astuzia e dalla forza del fratellastro Eracle, nell'episodio dello scontro dell'eroe con suo figlio Cicno.

Il più importante tempio di Ares si trovava a Sparta, dove i Lacedemoni elevavano fervorose preghiere

al dio prima di scendere in battaglia.

Stando a quanto riferisce Plutarco nella Vita di Alessandro, anche Alessandro Magno, alla vigilia della battaglia di Gaugamela contro il re persiano Dario, officiò sacrifici ad Ares.

Interessante è notare come i Romani identificassero Ares con il dio Marte, che in origine era un'antica divinità degli indoeuropei ma la cui figura aveva assunto caratteristiche diverse in territorio italico, essendo egli in origine una divinità rurale pacifica e benefica, già a quei tempi venerata di più rispetto ad Ares.

Apollo

Nella mitologia greca, Apollo è il dio del Sole, di cui traina il carro attraverso la volta celeste, nonché della musica, della profezia, della poesia, delle arti mediche, delle epidemie e della scienza che illumina l'intelletto.

I simboli principali di Apollo sono il Sole e la lira.

In quanto divinità che sottende alla poesia, Apollo è il capo delle Muse.

Il racconto mitologico descrive Apollo anche come un provetto arciere in grado di infliggere terribili pestilenze con il proprio arco ai popoli che lo osteggiavano.

In quanto patrono della città e del tempio di Delfi, Apollo è venerato anche come dio oracolare capace di svelare il futuro agli esseri umani pontificando tramite la sacerdotessa del tempio, denominata

Pizia, anche per questo era adorato nell'antichità come uno degli dei più importanti dei Dodici Olimpi.

Le città principali che si contendevano il titolo di patria del culto principale di Apollo erano due: Delfi, sede del famoso oracolo, e Delo.

L'importanza che ad Apollo era attribuita è testimoniata anche dall'uso di nomi teoforici dati ai nascituri, come Apollonio oppure Apollodoro, di uso assai frequente nell'antica Grecia, nonché dalle numerose città che portavano il nome di Apollonia.

Il dio di tutte le arti e della poesia veniva inoltre adorato in numerosi siti di culto sparsi anche nelle colonie disseminate sulle rive africane del Mediterraneo, oltre che sul territorio greco, nonchè nell'esapoli dorica in Caria, in Sicilia ed in Magna Grecia.

Riguardo la sua genealogia, Apollo è figlio di Zeus e di Latona (conosciuta anche come Leto) e fratello gemello di Artemide, dea della caccia e più tardi una delle tre personificazioni della Luna.

Nella tarda antichità greca Apollo venne anche identificato come dio del Sole, e in molti casi il suo culto soppiantò quello di Elio come portatore di luce e auriga del cocchio solare.

Nella mitologia romana, ad Apollo non era contrapposta alcuna controparte ed il suo culto venne introdotto a Roma circa nel 421 a.C.

In ogni caso, presso i Greci Apollo ed Elio rimasero entità separate e distinte nei testi letterari e mitologici dei tempi, ma non nel culto, dove Apollo ed Elio erano ormai stati assimilati.

Il culto apollineo ha origini che si perdono nella memoria dei tempi.

È considerazione comune e consolidata tra gli studiosi che il culto di Apollo sia di risalenza relativamente recente e che, prima dell'affermarsi della devozione ad Apollo, il santuario di Pito fosse il centro di una antichissima religione ctonia, legata addirittura al culto della Dea Madre.

A confermare questa tesi c'è il racconto di Eschilo su come Apollo abbia ricevuto il santuario da Gea, Febe e Temi.

C'è però una teoria secondo cui il santuario di Pito,

in origine, fosse consacrato in precedenza ad una divinità non greca, basata sulla traduzione dei documenti greci di Glozel custoditi presso Vichy, in Francia, che si presentano enigmatici e che sono sempre stati tanto discussi, che tende ad ampliare il quadro storico del mito che riguarda l'oracolo e collega la nuova e non meglio identificata divinità alla narrazione cadmea di Europa e a quella dell'alfabeto portato dallo stesso Cadmo in Beozia, durante il periodo premiceneo.

Questa presunta divinità di origine semitica era l'assoluta detentrice di quell'alfabeto, di provenienza siro-palestinese.

Questa divinità estranea al pantheon greco però, a sua volta, venne grecizzata, stando a quanto fattoci pervenire da Erodoto attraverso le sue Historiae in cui narra della cacciata dei Cadmei, ovvero dei semiti, da parte degli Argivi.

Tuttavia, questo dio confluito nel contesto mitico della cultura greca presentava ancora alcuni dei caratteri orientali della divinità, come ad esempio l'ineffabilità, la figura androgina (ovvero una figura che presenta allo stesso tempo sia caratteristiche maschili che femminili), la connotazione di dio cacciatore ed inseguitore del

lupo, da cui viene l'epiteto di Apollo Liceo, ma innanzitutto la concezione di divinità salvatrice e liberatrice.

Nel periodo compreso tra il XII ed il XI Secolo a.C. si assiste all'invasione dei Dori e, dopo la conseguente disfatta dei Micenei, il santuario subì il sacrilegio e la distruzione da parte dei vincitori e solo verso il IX-VIII Secolo a.C. fu riaperto del tutto convertito ed in linea con la nuova religione.

Questo onnipotente dio androgino di origine semitica viene scisso dalla concezione mitologica greca in Apollo ed Artemide e viene inserito nel pantheon olimpico come figlio di Zeus e di Latona.

Non esistono attestazioni ad Apollo risalenti all'Età del Bronzo della Grecia, per lo meno non nelle tavolette di lineare B che ci sono pervenute.

Esistono invece numerose attestazioni per il dio Paean, un epiteto di Apollo utilizzato in Età Classica.

Paean è il guaritore degli dei, e il dio della magia edel canto e dal suo nome viene il termine peana, è un dio magico-profetico. Come dio della guarigione Paean compare anche nell'Iliade, dove, in maniera significativa, non è del tutto sovrapposto ad Apollo, che parteggia esclusivamente per i troiani.

Esisteva poi una divinità anatolica nota come Aplu (stranamente lo stesso nome dell'omologo di Apollo per gli etruschi) che è un dio terrificante, legato alla malattia ma anche alla cura nonchè un micidiale arciere, forse anche un protettore della caccia e degli animali selvatici.

Sempre in Età Arcaica, con probabili connessioni al periodo miceneo, esistono dei riferimenti ad Apollo Smintheus, il dio ratto legato all'agricoltura che probabilmente era una divinità pre-indeuropea, declassata poi a semplice epiteto del dio Apollo, e in particolare ad Apollo Delfino.

Questo epiteto di Apollo, molto conosciuto nel culto professato a Creta e in alcune isole del Mar Egeo, potrebbe essere frutto dell'assimilazione di un antico dio marino minoico; infatti ad Apollo si

attribuiva l'abilità di trasformarsi in tutti gli animali, fra cui anche nei delfini, soggetti ricorrenti nelle raffigurazioni dell'arte minoica.

Sempre nella religione minoica, per ora pressoché sconosciuta, esisteva una signora degli animali, relazionabile ad Artemide-Diana, che presumibilmente avrebbe dovuto avere un doppio femminile di questo dia: se la divinità femminile è antesignana di Artemide, appare ovvio come quella maschile è da porsi in riferimento ad Apollo.

Inoltre, i sacerdoti di Apollo a Delfi si definivano Labryaden, nome che a sua volta rimanda all'asciabipenne (a doppia lama) ed al labirinto, simboli religiosi di grande rilevanza per il culto professato sull'Isola di Creta.

Stando a questa peculiare ma non del tutto chiara analisi, questa grande mole di riferimenti conducono ad ipotizzare che nella figura dell'Apollo più conosciuto siano confluite una oppure più divinità di origine minoica oppure lo stesso di matrice pre-indeuropea della Grecia e almeno un dio anatolico.

Dioniso

Originariamente, Dioniso fu un dio dell'Età Arcaica legato alla vegetazione ed alla linfa vitale che scorre nelle piante; in seguito questa divinità fu identificata come patrona dell'estasi, del vino, dell'ebbrezza e della sfrenatezza dei sensi; Dioniso venne quindi a rappresentare l'essenza stessa del creato nel suo eterno e selvaggio fluire, lo spirito divino di una realtà smisurata, l'elemento ad origine del cosmo, la frenetica corrente di vita che

pervade tutte le cose.

Dioniso era concepito come dotato di una multiforme natura maschile e femminile, animalesca e divina, tragica e comica, la sua stessa esistenza rappresenta un delirio mistico che corrisponde alla scintilla dell'istinto primordiale che è presente in ogni essere vivente e che permane anche nell'essere umano civilizzato come sua parte originaria e insopprimibile, e che può riaffiorare ed esplodere in maniera anche violenta se essa viene repressa e non elaborata nel modo giusto.

Dotato di personalità enigmatica ed accattivante, Dioniso si faceva beffe di ogni regola e convenzione, sconvolgeva le coscienze, sgretolava leggi ed inibizioni conducendo gli esseri umani a tornare al loro stato di purezza primordiale, quasi animalesca.

Secondo il filologo Walter Otto, Dioniso rappresenta lo spirito divino di una realtà smisurata che si manifesta in una continua esplosione di forze opposte come estasi e terrore, vita e morte, creazione e distruzione, chiasso e silenzio; Dioniso è simbolo di una pulsione vitale

irruenta e selvaggia, che affascina ed inquieta al tempo stesso, in una sinfonia inebriante che rappresenta l'universale realtà del cosmo

Se si considera la definizione coniata per questa divinità dallo storico Marcel Detienne, Dioniso è da considerarsi il dio straniero per eccellenza a causa dell'origine del culto del dio, che proveniva dalla Tracia.

Infatti, le ricerche più recenti hanno reso nota l'esistenza di elementi comuni nel culto greco di Dioniso e nei culti officiati nel territorio della Tracia, con probabilità di rapporti reciproci, uniti anche ad influssi dall'Asia Minore.

Infatti, Euripide ed altri autori antichi sostenevano l'origine frigia di Dioniso, che presenta moltissime analogie con il dio Sabazio. Questa tesi è avvalorata dal fatto che diversi elementi documentano l'antichità del culto di Dioniso in terra greca: in particolare, a conferire valore al tutto, è la presenza del nome della divinità sulle tavolette micenee in lineare B, il carattere orgiastico dei culti della vegetazione celebrati nella religione minoica nonché la credenza, diffusa sull'Isola di Creta, che il toro rappresenti una forma di manifestazione

divina; Dioniso infatti veniva talvolta invocato con l'epiteto di toro.

Il racconto mitologico relativo al contesto della nascita di Dioniso è intricato e contrastante.

Benché la paternità di Dioniso sia di certo attribuita a Zeus in maniera indiscussa, l'identità di sua madre è invece vittima di numerose interpretazionida parte dei diversi autori.

Alcune versioni del mito ci tramandano che Dioniso fosse frutto della passione tra il Re dell'Olimpo e sua sorella Demetra oppure Io, oppure ancora di Lete; altri ancora indicano Dioniso come figlio di Dione, oppure di Persefone.

Quest'ultima versione, nonostante non sia accettatadalla maggior parte dei mitografi, non è ad ogni modo stata scartata del tutto dalla tradizione letteraria.

In alcune leggende orfiche, la madre di Dioniso è infatti definita la Regina della Morte, elemento chesembra condurre a Persefone.

Lo stesso Zeus, innamoratosi di sua figlia che era

stata nascosta in una grotta per volere di Demetra, si tramutò in serpente e la raggiunse mentre era intenta a tessere per fecondarla. In seguito la fanciulla partorì due bambini, Zagreo e lo stesso Dioniso.

La versione del racconto mitologico più famosa è quella che vuole Semele, figlia di Armonia e del re di Tebe Cadmo, madre di Dioniso: d'altra parte il nome di Semele può significare la Sotterranea quando questo epiteto non si riferisca a Selene, unadelle tre dee lunari.

Anche sui diversi racconti mitologici riguardanti il concepimento di Dioniso le tradizioni non concordano: secondo alcuni Zeus raccolse quel che rimaneva del corpicino del diletto figlioccio Zagreo,nato dall'unione del fratello Ade e dalla nipote Persefone ed ucciso dai Titani e cucinò il cuore del fanciullo in un brodo che offrì alla giovane Semele, sua amante.

Un'altra versione vuole che lo stesso Re dell'Olimpo, innamorato perso di Semele, assunse l'aspetto di un mortale per unirsi a lei nel talamo erendendola gravida di un bambino.

L'ennesimo tradimento di Zeus con una mortale non restò sconosciuto ad Era, che rivendicava il titolo di unica moglie ed amante legittima del dio.

Infuriata, la Regina dell'Olimpo suscitò invidia nelle tre sorelle di Semele, che nonostante fosse inetà molto giovane poteva vantare già un amante eanche una gravidanza.

La povera Semele subì le crudeli beffe di Agave, Ino e Autonoe, le quali criticavano non solo il fattoche fosse già incinta, ma anche che nonostante il concepimento il padre del bambino non si fosse ancora deciso a venire allo scoperto e a dichiararsi.

Frattanto Era, approfittando di questi contrasti, assunse l'aspetto di una vecchia anziana di nome Beroe, nutrice della fanciulla, sua assistente e confidente sin dalla nascita.

Era si presentò quindi sotto mentite spoglie a Semele, già al sesto mese di gravidanza e che, credendola la nutrice, cominciò a parlare con leifino a quando la discussione non cadde sul suo amante.

La vecchia mise in guardia Semele, suggerendole di fare una singolare richiesta al suo amante: quella

di rivelarle la propria identità, smettendo di ingannarla e

nascondersi perché altrimenti avrebbe potuto pensare che il suo aspetto fosse in realtà quello di un mostro.

Stando ad una versione diversa, Semele era a conoscenza dell'identità del suo amante ed Era l'aveva messa in guardia proprio dal fidarsi del dio, esortandola a esigere una prova della sua vera identità. Su suggerimento di quella che credeva essere la propria anziana nutrice, Semele chiese quindi a Zeus di presentarsi a lei allo stesso modo di come si presentava al cospetto di Era.

Quando Zeus tornò nuovamente al talamo della sua amante per gozzovigliare con lei, Semele si ricordò delle parole della vecchia e chiese a Zeus dirivelarle la sua identità e di smettere di continuare a fingere.

Per timore di un tranello ordito dalla gelosia di suamoglie Era, il Re dell'Olimpo rifiutò ed a questo punto Semele si rifiutò di giacere con lui.

Adirato, Zeus le apparve tra folgori e fulmini accecanti, tanto che la fanciulla non riuscì a sopportare il tremendo bagliore e rimase incenerita.

Secondo l'altra versione del racconto mitologico, quando Zeus tornò dalla sua amante, Semele glichiese di offrirle un regalo ed egli promise di esaudire qualsiasi desiderio la fanciulla avesse espresso.

Semele chiese quindi al Re dell'Olimpo di manifestarsi in tutta la sua magnificenza; Zeus, disperato, fu costretto ad esaudire la richiesta di Semele, che rimase uccisa poiché nessun mortale era in grado di reggere la vista di un dio nel suo pieno splendore.

Gea, la Terra, per impedire che il bambino appartenente alla stirpe divina morisse, fece crescere dell'edera fresca per proteggere il feto; Zeus, però, incaricò Ermes (ma secondo autori altri fu egli stesso a farlo) di strappare il feto dal ventre carbonizzato e se lo fece cucire dentro la coscia.

Passati altri tre mesi e finito il periodo di gestazione, Zeus partorì il bambino perfettamente vivo e formato chiamandolo Dioniso, il cui nome significa il Nato Due Volte oppure anche il Fanciullo dalla Doppia Porta.

Sin dalla sua nascita, Dioniso presentava delle piccole corna con dei ricciolini serpentini e Zeus lo affidò sin da subito alle cure di Ermes.

Quando il piccolo Dioniso fu partorito dalla coscia di Zeus, il padre lo affidò alle cure di Ino, sorella di Semele, e a suo marito Atamante; il piccolo dio, però, non passò inosservato agli occhi vigili di Era, che fece impazzire i due sposi ed Atamante, credendo di vedere un cervo nella figura di suo figlio Learco, lo uccise a colpi di freccia, mentre Ino si gettò in mare trascinando con sé il piccolo Melicerte.

Dioniso rimase solo nella casa abbandonata e chissà cosa gli sarebbe successo se Ermes non lo avesse preso con sé e non lo avesse portato in rifugio su una lontana montagna dell'Asia minore su cui vivevano le Iadi, ninfe dei boschi.

Queste crebbero con cura ed amore il piccolo Dioniso finché non fu tempo di trovargli un precettore ed a questo scopo si rivolsero a Sileno, un anziano figlio di Pan e di una ninfa che possedeva una straordinaria saggezza ed il dono della divinazione.

Quando Dioniso raggiunse l'età adulta, Era non poté che riconoscerlo quale figlio di Zeus ma decise di punirlo al contempo con la pazzia.

Dioniso iniziò quindi a vagare insieme al suo tutore Sileno ed a un gruppo di satiri, nonché ad una schiera di baccanti, nome che assunsero le seguaci del dio, fino a giungere in Egitto, dove combatté contro i Titani.

Partito dall'Egitto, Dioniso si diresse in Oriente, verso l'India, sconfiggendo numerosi avversari lungo il proprio cammino e tra cui anche il Re di Damasco, che scorticò vivo, nonché fondando numerose città.

L'evento più di rilievo del vagabondare di questo figlio di Zeus consiste nel fatto che Dioniso ottenne l'immortalità dopo aver sconfitto il Re indiano Deriade.

Al suo ritorno, a Dioniso si oppose il popolo delle Amazzoni.

Le valorose guerriere, però, vennero di nuovo sbaragliate dal dio e dal suo seguito, come egli aveva già precedentemente fatto, quando le

respinse fino ad Efeso.

Fu in quel tempo che Dioniso decise di tornare in Grecia in tutta la sua gloria divina, come figlio di Zeus ma non prima di essersi purificato recandosi da sua nonna Rea per i delitti commessi durante la pazzia, quindi sbarcò in Tracia e vi trovò la corte diRe Licurgo.

Quando Licurgo seppe che Dioniso era approdato ai propri territori, gli si oppose e fece imprigionare tutti i seguaci del dio e lo stesso avrebbe voluto farecon lui, ma Dioniso riuscì a fuggire ed a trovare rifugio presso Teti.

Adirato contro il re di Tracia, Dioniso provocò una terribile siccità che scatenò una rivolta tra il popoloe lanciò una maledizione a Licurgo per indurlo allapazzia: reso folle da Dioniso, il sovrano uccise a colpi d'ascia suo figlio scambiandolo per un ramo di edera.

Frattanto un oracolo che era stato interrogato, aveva emesso un verdetto secondo cui tutta la Tracia avrebbe sofferto la siccità e la sterilità fino a

quando Licurgo fosse rimasto in vita: il popolo trascinò quindi fuori dal palazzo il proprio sovranoe lo linciò sulla pubblica piazza.

Dopo il linciaggio di Licurgo, Dioniso liberò la Tracia dalla maledizione.

In una versione alternativa del racconto mitologico, Licurgo aveva tentato di uccidere un seguace del dio ma questi, che si era trasformato immediatamente in un vitigno, si attorcigliò strettamente attorno al re infuriato e lo trattenne tra le sue spire fino a strangolarlo.

In un secondo momento, Dioniso tolse il senno anche al

fratellastro di Licurgo, il pirata Bute, che aveva stuprato una delle sue amate ninfe.

Dopo aver assoggettato la Tracia, Dioniso passò in Beozia e poi alle isole dell'Egeo, dove pagò alcuni giovani marinai diretti a Nasso per farlo viaggiare sulla loro nave; questi si rivelarono poi essere pirati che intendevano rapire il dio per poi venderlo come schiavo in Asia, ma Dioniso si salvò tramutando in vite l'albero maestro della nave e sé

stesso in un leone, invocando nel contempo fantasmi di animali feroci sulla nave, che simuovevano al suono di flauti.

I marinai, impauriti a morte, si gettarono in mare ma il Dioniso, divertito dalla scena, decise di risparmiarli trasformandoli in delfini: anche se consapevoli che non avrebbero mai più riacquisito la propria forma umana, i marinai si resero conto anche che il dio aveva voluto concedere loro opportunità di riscattarsi, quindi dedicarono il resto della loro esistenza a salvare i naufraghi.

Acete, il timoniere della nave, per essersi dimostrato più buono degli altri pirati, non subìmetamorfosi e divenne sacerdote del dio.

Quando Dioniso riuscì a tornare presso Tebe, la suacittà natale, a regnarvi era suo cugino Penteo, che sioppose ai nuovi riti introdotti dal dio e fece arrestare Acete ed alcune Menadi.

La vendetta di Dioniso non tardò a giungere su Tebe e sulla famiglia di Penteo, narrata da Euripide nella tragedia intitolata Le Baccanti, che il commediografo compose mentre si trovava alla corte del re Archelao di Macedonia.

Nell'opera teatrale, in cui è argomentata la natura più terrificante e distruttiva di Dioniso, tanto da far credere che si tratti di un'opera di critica verso il culto dionisiaco, Dioniso fa impazzire le donne della città, colpendo per prime le sorelle di sua madre Agave, Ino ed Autonoe, datosi che a loro tempo le tre avevano screditato e deriso le affermazioni di Semele che diceva di essere stata ingravidata da Zeus.

Dioniso, però, intende anche punire l'intera città poiché la sua popolazione continua a negare la sua divinità e pertanto si rifiuta di adorarlo.

Le donne tebane però, in qualche modo folgorate dalla pazzia indotta loro da Dioniso, lasciano la città per andare nei boschi del Monte Citerone per celebrare le orge sacre a Dioniso, insieme alle Baccanti.

Infine, Dioniso spinge lentamente alla pazzia anche Re Penteo, convincendolo a travestirsi da donna per andare a spiare le menadi mentre celebrano i

rituali sacri al dio; attirato sul monte Citerone, Dioniso lascia Penteo in pasto alle donne tebane che, invasate dalla divinità, scambiano Penteo per un animale selvatico e dunque il sovrano viene fatto a pezzi nel senso letterale del termine.

La prima ad avventarsi su Penteo è proprio sua madre Agave, posta a capo di un gruppo di baccanti.

La donna torna a Tebe con la testa di Penteo su una picca e non riconosce il proprio figlio se non quando oramai è troppo tardi e non può far altro che versare amarissime lacrime.

Dioniso infine condanna all'esilio da Tebe tutti i suoi indegni parenti, realizzando la sua vendetta in maniera completa.

Una volta riconosciuto finalmente come una divinità, Dioniso ascende all'Olimpo ed entra a pieno titolo nel gruppo dei Dodici Olimpi.

Efesto

Efesto, nella mitologia greca, è la divinità del fuoco e della forgia, dell'ingegneria, della scultura e della metallurgia.

Per quanto riguarda la sua genealogia, non è mai stato molto chiaro se Efesto sia figlio di Zeus e di Era oppure se sia stato concepito autonomamente da Era.

Questa divinità veniva adorata in tutte le città della Grecia antica in cui vi fossero attività artigianali, specie ad Atene, che ospitava il tempio omonimo.

Nell'Iliade, Omero racconta del brutto aspetto di Efesto e del suo cattivo carattere, ma racconta anche di come il dio fosse dotato di una grande forza nei muscoli delle braccia e delle spalle, che gli permetteva un'impareggiabile perfezione in tutto ciò che faceva.

La sua grande fucina da fabbro si trova nelle viscere dell'Etna, dove lavora insieme ai suoi ciclopi, i loro colpi sulle incudini fanno brontolare i vulcani della zona ed il fuoco della loro fucina arrossa la cima dell'Etna.

I simboli di Efesto sono il martello da fabbro,

l'incudine e le tenaglie; in alcune rappresentazioni questo dio è ritratto con una scure accanto a sé.

Nella mitologia romana, vi era una figura divina simile ad Efesto corrispondente al dio Vulcano.

Secondo molte versioni del racconto mitologico, Efesto fu concepito autonomamente da sua madre Era, con la sola forza di volontà come vendetta nei confronti del marito Zeus per tutte le sue innumerevoli amanti avute nel corso dei millenni; Era, infatti, voleva far credere a Zeus di aver concepito Efesto da un rapporto fedifrago quando in realtà non era vero.

Era, però, appena lo vide rimase inorridita dal brutto aspetto del figlio e lo lanciò dall'Olimpo, facendolo precipitare.

Efesto non era affatto bello da vedere ed era zoppo e deforme dalla nascita, benché alcuni racconti mitologici tramandano che questo difetto fisico fosse il risultato della sua caduta dall'Olimpo, e riusciva a camminare solo grazie all'aiuto di una rudimentale stampella, motivo per cui le opere d'arte che lo ritraggono lo mostrano spesso mentre fatica a reggersi e si appoggia sulla sua incudine.

Nell'Iliade è lo stesso Efesto a raccontare come continuò a cadere per molti giorni e molte notti per poi finire nell'oceano aperto, dove venne allevato dalle Nereidi, in particolare fu preso molto a cuore da

Teti ed Eurinome (omonima della primordiale Dea di tutte le Cose) che pare gli abbiano donato una grotta per adibirla come fucina.

Efesto si prese la sua vendetta su Era costruendo e donandole un magico trono d'oro che tenne imprigionata la Regina dell'Olimpo con dei sottilissimi fili infrangibili, non appena ella vi si sedette, impedendole di alzarsi.

Le altre divinità pregarono Efesto di tornare sull'Olimpo e liberarla, ma egli si rifiutò più voltedi farlo.

A quel punto Dioniso fece in modo di ubriacarlo e lo riportò indietro legato sul dorso di un mulo ma Efesto, riavutosi dall'ebbrezza, acconsentì a liberare Era solo a patto che tutti lo avessero riconosciuto come dio.

Ci fu poi un matrimonio combinato da Zeus tra Efesto ed Afrodite ma alla dea della bellezza disturbava molto l'idea di essere sposata con il bruttissimo e rozzo Efesto e quindi la dea, segretamente innamorata del dio della guerra Ares,

più volte ha tradito il marito che, stanco di essere deriso da Afrodite, se ne tornò sulla Terra, nelle viscere del vulcano Etna e decise di non tornare mai più sull'Olimpo.

Ermes

Ermes conosciuto anche come Hermes oppure Ermete, è una divinità appartenente ai Dodici Olimpi, principali divinità dell'antica Grecia.

Nato dall'unione di Zeus e di Maia, una delle sette figlie del

Titano Atlante, il ruolo principale di Ermes è quello di messaggero degli dèi.

I suoi simboli sono il gallo e la tartaruga, ma è chiaramente riconoscibile anche per il suo borsellino, i suoi sandali ed il suo cappello alati edil bastone da messaggero, il caduceo.

Ermes nacque in una grotta del Monte Cillene, nido

d'amore della madre Maia e di Zeus, dove il Re dell'Olimpo di recava, ovviamente, all'insaputadella moglie Era.

Ermes si dimostrò fin da subito un bambino molto precoce: stando a quanto racconta Omero nel suo Inno a Ermes, nel suo primo giorno di vita nacque all'alba, a mezzogiorno inventò la lira uccidendo una tartaruga, che diventò il suo animale sacro, e la sera stessa riuscì a rubare la mandria di bovini di suo fratello Apollo, nascondendola in una grotta e cancellandone le impronte degli zoccoli con il semplice stratagemma di legare delle fronde alla coda degli animali; dopo lo svolgersi di questo episodio, Ermes acquisì il titolo di protettore dei ladri, oltre che messaggero degli dei.

Il piccolo Ermes sacrificò agli Dei due mucche, anche se tentato di mangiarsele, per poi mettere adessiccare le pelli al sole.

Quando Apollo vide esposte al sole le pelli con impresso il suo marchio, fuori dalla grotta dove Ermes viveva con Maia, accusò Ermes del furto e Maia difese suo figlio dicendo che non poteva essere stato lui, dato che aveva trascorso con lei

tutta la notte.

A quel punto intervenne un divertito Zeus, che a tutto aveva assistito e che testimoniò su come Ermes aveva davvero rubato la mandria di Apollo ed intimò il figlio neonato a restituirla, ma ingiunse anche ad Apollo di non approfittare di suo fratello, essendo più grande.

Mentre discuteva con Apollo, Ermes cominciò a suonare la sua lira, strumento che aveva creato tendendo delle interiora di mucca su un guscio di tartaruga: il suono del nuovo strumento piacque così tanto ad Apollo che, in cambio di esso, accettò che Ermes si tenesse la mandria rubata.

Dopo qualche tempo Ermes costruì il flauto di Pan ed anche stavolta fece un baratto con Apollo ricevendo il suo bastone da pastore.

Ermes costruì anche la fisarmonica a bocca che, ancora una volta, scambiò con il dio del sole suo fratello, che in cambio gli insegnò l'ornitomanzia, l'arte di leggere il futuro interpretando il volo degli uccelli.

Da quel giorno Ermes divenne anche il protettore dei musicisti ed il pastore di tutti i pascoli e di tutte le mandrie.

Tra la discendenza di Ermes, primo fra tutti spicca Pan, il dio della natura, delle foreste, dei pastori e delle greggi dall'aspetto di un satiro (essere umano con corna e zampe di capra), che era considerato figlio di Ermes e della ninfa Driope.

Nell'Inno a Pan di Omero, il poeta racconta che Driope fuggì via dal neonato, dopo averlo partorito,perché spaventata dal suo aspetto.

Dalla sua unione con Afrodite, Ermes ebbe Ermafrodito che nacque maschio ma che in seguito fu trasformato nell'essere dotato di entrambi i sessi che tutti conosciamo, ad opera delle divinità che esaudirono troppo alla lettera il desiderio di Ermafrodito di non separarsi mai dalla sua amata Salmace.

Stando alle Metamorfosi di Ovidio, Salmace era una ninfa di Artemide che presiedeva ad una fonte identificata, in seguito, in Caria; un giorno Ermafrodito andò a dissetarsi presso la fonte di Salmace e la ninfa se ne invaghì al punto tale da rinunciare immediatamente al voto di verginità che tutte le ninfe di Artemide dovevano accettare, abbracciò Ermafrodito e chiese agli dei di potere

stare per sempre con il giovane. Sdegnate, le divinità la ascoltarono, ma in maniera subdola perché fusero Ermafrodito e Salmace in un unicocorpo.

Ermafrodito, vittima innocente della meschina burla delle divinità, maledisse la Fonte di Salmace perché chiunque si fosse bagnato nelle sue acque avrebbe poi dovuto affrontare il suo stesso destino.

Sempre da Afrodite, stando ad alcune versioni del racconto mitologico, Ermes fu reso padre dello smaliziato Eros, dio alato dell'amore, anche se la paternità è stata attribuita anche ad altre divinità, specie ad Ares.

La Teogonia di Esiodo, invece, racconta come Eros sia nato dal nulla e la sua venuta al mondo sia precedente ad ogni altra cosa.

In tutta la Grecia erano diffusi templi dedicati al culto di Ermes, ma Feneo in Arcadia era il centro più importante della sua adorazione e dove si tenevano le celebrazioni in suo onore, chiamate Hermoea.

Ermes era stato investito del ruolo di psicopompo, ovvero di accompagnatore dello spirito dei morti:

aiutava i defunti a trovare la via per il mondo sotterraneo dell'aldilà, inoltre era uno dei pochi ad avere il permesso di frequentare gli inferi ed infatti, nell'Inno a Demetra, Omero racconta come Ermes riporta Persefone sana e salva da sua madre Demetra, in un'altra occasione è Ermes ad accompagnare nell'oltretomba le anime dei pretendenti di Penelope uccisi da Odisseo e, nella tragedia I Persiani, Ermes conduce nell'oltretomba anche lo spettro di Dario I di Persia.

Per il racconto mitologico, in Ermes si incarnava innanzitutto lo spirito del passaggio e dell'attraversamento, ritenevano che la divinità si manifestasse in qualsiasi tipo di scambio, trasferimento, violazione, superamento, mutamento, transito, tutti concetti che rimandano in qualche modo a un passaggio da un luogo, oppure da uno stato, all'altro e questo spiega il suo essere messo in relazione con i cambiamenti della sorte umana, con lo scambio di beni, con i colloqui e lo scambio di informazioni consueti nel commercio nonché, ovviamente, con il passaggio dalla vita a ciò che viene dopo di essa.

Nel suo Inno a Hermes il poeta Omero invoca la divinità come entità dalle molte risorse e dotata di gentile astuzia, come un predone, guida di mandrie,apportatore di sogni, osservatore notturno, ladro ai cancelli ma ne mette in evidenza anche la precocità, raccontando di come fece in fretta a mostrare le sue imprese tra le dee immortali.

Hermes funge anche da interprete, oltre che messaggero, del volere delle altre divinità, svolgendo il ruolo di angelo, inteso come ἄγγελος(anghelos) di concezione greca, compito che dividecon Iris.

In Età Tardo Antica avviene la fusione del culto diHermes con il culto del dio egizio Thot, mostrata dalla leggendaria figura del sapiente e profeta Ermete Trismegisto, nella sua opera intitolata Corpus Ermeticum.

Da questo vi è la derivazione dell'aggettivo ermetico (oscuro, nascosto), attribuito per la prima volta ad Ermes, e della parola ermeneutica, che consiste nell'arte di interpretare i significati nascosti.

Ermes è anche il dio degli oratori, della letteratura, dei poeti, dell'atletica, delle invenzioni, e del

commercio in generale.

Atena

Atena, nella mitologia greca, è la divinità patrona

della saggezza, della sapienza, della guerra e dellearti.

Secondo il mito pelasgico, la dea Atena nacque presso il Lago Tritonide in Libia dove fu raccolta e nutrita da tre ninfe di quella regione, che vestivano pelli di capra.

Ancora bambina Atena uccise inavvertitamente Pallade, sua compagna di giochi, mentre si era impegnata con lei in uno scherzoso combattimento, armata di lancia e di scudo, ed in segno di lutto aggiunse il nome di Pallade al proprio.

Nel suo viaggio verso la Grecia, che fece passando anche per l'Isola di Creta, fondò e visse nella città di Atene presso il Fiume Tritone, in Beozia.

Alcuni racconti mitologici sostengono che Atena ebbe un padre chiamato Pallade, un gigante alato aforma di caprone, che in seguito tentò di usarle violenza

La dea, strappategli le ali che si applicò alle spalle e scorticatolo della pelle con cui si fabbricò l'egida (latunica simbolo di castità, in genere fatta in pelle di capra, indossata dalle fanciulle della Libia; veniva punito con la morte il maschio che avesse osato strapparla), aggiunse il nome di Pallade al proprio.

Altri sostengono, invece, che l'egida fosse stata ricavata dalla pelle della Gorgone Medusa, che Atena scorticò dopo la decapitazione del mostro adopera di Perseo.

Il racconto mitologico più accreditato dai seguaci del culto di Atena sostiene che Zeus inseguiva voglioso la Titanessa Meti, che per sfuggirgli assunse diverse forme, ma infine fu raggiunta ed ingravidata.

Un oracolo della Madre Terra, però, disse che da questa unione sarebbe nata una figlia ma che, nel caso in cui Meti avesse concepito una seconda volta,avrebbe partorito un figlio destinato a

detronizzare Zeus così come Zeus aveva fatto conCrono e come Crono aveva detronizzato Urano.

A quel punto Zeus, dopo aver ingannato Meti conparole smielate a giacere accanto a lui, improvvisamente spalancò la bocca e la divorò segnando la fine di Meti, di cui non si seppe piùnulla, benché Zeus sostenesse che dal fondo del suo ventre essa gli dava a volte preziosi suggerimenti.

A tempo debito. Zeus fu colto da una terribile emicrania, mentre camminava lungo le rive del

Lago Tritone, provocandogli un dolore tanto intollerabile da sembrargli che il cranio dovesseesplodere.

Subito accorse Ermes, che individuò la causa deldolore di Zeus.

Ermes chiese quindi ad Efesto oppure, come raccontano altre versioni del mito, a Prometeo, di munirsi di ascia e di maglio (il martello da fabbro)per aprire una fessura nel cranio di Zeus, e da cui saltò fuori Atena, già completamente armata, emettendo un potente grido.

Dea vergine e guerriera, rispettata e temuta, spesso accorre in aiuto e guida gli eroi, trasmette suggerimenti alle donne più intraprendenti, orienta i giudici dei tribunali, ispirazione di artisti ed artigiani, ama particolarmente i bambini.

Tutto questo però non deve lasciare credere che Atena, quando è adirata, non possa diventare spietata.

Durante la sanguinosa Guerra di Troia, Atena parteggiava per i Greci.

Ad Atene, città che lei stessa avrebbe fondato, a questa divinità era dedicato il Partenone (tempio

della vergine), posto sull'Acropoli della città, dove torreggiava anche la mastodontica statua di culto che era opera del leggendario architetto e scultore Fidia; inoltre, di fronte ai Propilei, ad Atena era stata eretta una statua in bronzo, i cui bagliori dovuti ai riflessi solari erano visibili dalle navi che arrivavano al Pireo ed in suo onore si svolgevano ogni anno le Feste Panatenee.

Il culto di Atena aveva la sua particolarità nella statuetta raffigurante la dea, in origine di legno poi divenuta di metallo, conosciuta come il Palladio.

Al Palladio si attribuivano poteri magici e la statua era considerata simbolo della presenza di Atena, che attraverso di esso vegliava sull'inespugnabilità della città che lo ospitava, per questo Odisseo e Diomede, durante la Guerra di Troia, compiono l'impresa di introdursi di notte nell'acropoli della città assediata per rubarne il palladio.

Durante le Feste Panatenaiche, ogni anno la statua di Atena

riceveva una nuova veste, ricamata dallefanciulle ateniesi. Nell'Inno per i lavoratori di

Pallade, Callimaco narra di una cerimonia in cui si portava il Palladio ogni anno in processione al Fiume Inaco per lavarlo e riallestirlo.

Atena viene raffigurata sempre vestita con indossoil peplo (tipico abito bianco femminile) e spesso armata e circondata dai suoi simboli sacri come la civetta Athene Noctua, l'elmo attico, la lancia, lo scudo e l'Egida, ossia un mantello indistruttibile realizzato con la pelle della capra Amaltea, che aveva protetto e nutrito Zeus, sottratto a Crono dalla madre Rea.

Albero sacro ad Atena era l'ulivo, da lei creato come dono agli ateniesi, durante una disputa con Poseidone per divenire la loro divinità protettrice.

Atena, per le sue capacità profetiche e mediche eraadorata anche nei santuari di Delfi e di Epidauro.

Plutarco, nella sua opera Vite parallele (titolo riferito alle due vite di Pericle e Fabio Massimo), Atena appare in sogno a Pericle, indicando allo statista e generale delle cure specifiche per un cittadino malato di Atene e, a seguito di questo episodio, venne eretta in città una statua in bronzo

in onore delle divinità Ermes e Atena.

Afrodite

Afrodite è, nel racconto mitologico greco, la dea della bellezza,

88

dell'amore, della nascita .

Stando alla Teogonia di Esiodo, la dea è nata dalla schiuma del mare e dal seme di Urano, i cui genitali furono gettati in mare da Crono dopo che questi lo aveva evirato, Afrodite veniva anche venerata come divinità cui potersi rivolgere per ottenere una sicura navigazione.

Da sempre fatta corrispondere dalle fantasie maschili anche alla Dea del Desiderio, Afrodite emerse nuda dalla spuma del mare e, cavalcando una conchiglia, giunse dapprima all'Isola di Citera che, però, le parve troppo piccola e quindi passò nel Peloponneso per stabilire la sua residenza definitiva a Pafo, sull'Isola di Cipro, dove tuttora si trova ancora la principale sede del culto a lei

dedicato.

A Pafo le Stagioni, figlie di Temi, si affrettarono a vestire ed adornare questa divinità che fa sbocciare fiori ad ogni suo passo.

Molti mitografi accreditano il fatto che Afrodite sia nata dalla spuma delle onde fecondata dai genitali di Urano, altri che Zeus la generò insieme a Dione, figlia dell'Oceano e di Teti, la dea del mare, oppure dell'Aria e della Terra.

Ad ogni modo, tutti i racconti mitologici narrano di come Afrodite vola nell'aria accompagnata da stormi di tortore e passeri.

L'origine della figura divina di Afrodite è piuttosto controversa: la tradizione greca vorrebbe Afrodite come una divinità di derivazione orientale, tanto che Erodoto sostiene che il suo santuario di provenienza è quello di Afrodite Urania, ad Ascalona, da dove gli abitanti dell'Isola di Cipro ne importarono il culto; secondo Pausania, invece, furono i Fenici a trasferirne il culto direttamente a Citera.

Ad ogni modo, Afrodite venne grecizzata già al tempo di Omero in quanto, nell'Odissea, ad Afrodite si attribuisce origine dal santuario di Pafodell'Isola di Cipro.

Se è probabile una influenza orientale nel culto di Afrodite, è da tener presente che il tempio di Afrodite rinvenuto a Pafo è datato al XII Secolo a.C., tempo in cui sull'isola giunsero i Micenei (Achei), mentre la colonizzazione fenicia è invece attestata

al IX Secolo a.C.

Nell'Iliade, Afrodite appare come figlia di Zeus e di Dione che parteggia per i Troiani ed è madre del principe troiano Enea, generato con l'eroe troiano Anchise, da lei personalmente protetto.

L'origine non guerriera di Afrodite è, in questo poema, è evidenziata dal fatto che, quando viene ferita dall'eroe greco Diomede il Re dell'Olimpo e suo padre Zeus la rimprovera di occuparsi di affari di guerra anziché attendere a quelli riguardanti amabili cose d'amore che sono di sua prerogativa.

Al tempo delle vicende narrate nell'Odissea, Afrodite appare nella sua sola veste di dea dell'amore ed è sposata al dio Efesto che, però, tradisce con Ares.

Nonostante massima espressione della presenzadivina di Afrodite

90

fosse l'amore inteso come amplesso, il suo culto era generalmente serio se non austero, questo perché nella devozione ad

Afrodite non vi era spazio per una visione goliardica né tantomeno volgare del sesso: Afrodite era patrona dell'unione tra maschio e femmina intesa come atto da cui scaturisce la vita.

Non ci sono pervenute molte notizie circa le feste in onore di Afrodite ma oggi si è a conoscenza del fatto che la dea era spesso onorata al termine di imprese importanti

Plutarco ricorda come in suo onore si chiudevano le celebrazioni in onore di Poseidone, ad Egina.

C'erano poi le Feste Afrodisie proprie dei marinai, che la veneravano come protettrice in quanto divinità sorta dal mare, al termine dei loro viaggi in mare, vissute con larga partecipazione dei piaceri.

Animali sacri ad Afrodite erano il delfino, il passero, il cigno ed in particolare la colomba.

Tra le piante a lei sacre ci sono la rosa, il mirto, la palma e il melocotogno.

CAPITOLO 5
LA GIGANTOMACHIA

Il mito della Gigantomachia è narrato, ancora una volta, dal poeta Esiodo nella sua Teogonia.

La Gigantomachia costituisce l'ultima fase della Cosmogonia, ovvero il processo di costruzione dell'universo, affermatosi con gli scontri tra le potenze divine dell'Olimpo contrapposte alla forzabruta dei Giganti.

Una volta sconfitta questa coalizione, gli Olimpi riescono a realizzare l'ordine universale ambito daZeus.

I Giganti, la controparte degli Olimpi in questa guerra, nascono quando Urano viene evirato da Crono e, straziato dal dolore, si stacca da Gea e riversa il suo sangue nel mare, che va a coagularsiin acqua ed a plasmare isole popolate da creature che incarnano il suo odio, tra cui i Giganti.

Queste creature erano simili ai Titani per forza e dimensioni, ma nacquero come ibridi tra umano edivino e quindi legati alla profezia secondo cui

nessun immortale sarebbe stato in grado disconfiggerli.

La forza distruttiva dei Giganti era paragonabile a quella degli Ecatonchiri, i Centimani, ma questi impiegavano la propria furia bellica al servizio dell'ordine divino, a differenza dei primi, quindi erano alleati di Zeus e ne riconoscevano l'autorità.

Dal canto loro, potendo contare su una forza prodigiosa, i Giganti intendevano dominare il mondo e rappresentavano una minaccia per l'ordine costituito da Zeus.

Questi esseri dall'altezza smisurata ed antropomorfi, descritti come dotati di lunghe barbe, capelli inanellati e code di serpente dalla cintola in giù, intendevano vendicare i fratelli Titani sconfitti

e precipitati nel Tartaro, incitati della madre Gea.

Questi sono dunque i passi che conducono alla Gigantomachia, la battaglia finale tra divinità e Giganti, che conosce un autentico protagonista nella figura di Eracle, l'eroe che si rivelò essere il solo in grado di riuscire definitivamente ad abbattere i Giganti, dal momento che, come i loro,

era di natura metà umana e metà divina

La Gigantomachia vede il suo campo di battaglia in Tracia, dove i Giganti, capitanati da Alcioneo, si scagliano ciascuno contro la divinità dell'Olimpo con cui ha una oppure più analogie.

La Gigantomachia è caratterizzata da una serie di duelli iconici di cui però sempre e solo Ercole fu il risolutore.

La vitale importanza di Ercole per le sorti della Gigantomachia trova ragione in una profezia pronunciata dalla Titanessa Era, secondo cui solo un mortale vestito di una pelle di leone, solo dopo avere mangiato un'erba miracolosa, sarebbe stato in grado di abbattere i Giganti.

Fu Zeus in persona a cercare questa erba e, dopo averla trovata, la offrì ad Eracle: il mortale cui si riferiva la profezia era indubbiamente lui, giacché indossava come trofeo la pelle indistruttibile del ferocissimo Leone Nemeo, che da lui era stato abbattuto.

-Alcioneo vs Eracle

Quello tra Eracle ed Alcioneo fu un duello ferocissimo: tre volte l'eroe greco scaraventò il capo dei Giganti al suolo con un colpo di clava e tre volte Alcioneo si rialzò più motivato ed iracondo diprima.

Questo perché Gea, la Madre Terra, gli restituiva le forze ogni volta che suo figlio Alcioneo toccava il suolo.

Atena, a quel punto, indusse Eracle ad attirare il nemico fuori dal suolo nativo della Tracia e ad abbatterlo con una freccia avvelenata.

Secondo un'altra versione del mito, Atena suggerì ad Eracle di sollevare di peso Alcioneo per impedirgli il contatto con Gea e di strangolarlo.

Le figlie di Alcioneo, straziate dalla morte del padre, si suicidarono gettandosi in mare e furono tutte trasformate in uccelli marini, gli alcioni.

-Porfirione vs Era

Adirato per la morte del fratello Alcioneo, ed avvalendosi di una piramide di pietre come pedana d'appoggio, il Gigante Porfirione con un enorme balzo piombò sull'Olimpo e si accanì su Era.

Porfirione stava anche riuscendo a strangolarla, quando Eros trafisse il cuore del Gigante con unadelle sue frecce erotiche.

L'odio in questo modo divenne lussuria e Porfirione cominciò a stracciare le vesti di Era neltentativo di possederla.

Zeus, pazzo di gelosia, colpì Porfirione con una folgore procuratagli dai Ciclopi ed il Gigante si allontanò da Era per avventarsi su Zeus ma ecco che una freccia, stavolta scagliata da Eracle, lo abbatte per sempre.

-Efialte vs Ares ed Apollo

Benché fosse il Dio della Guerra, Ares stava peravere la peggio contro Efialte.

Infatti, il Gigante aveva già costretto Ares a piegarele ginocchia, quando una freccia scagliata da Apollo gli si conficcò nell'occhio sinistro.

A quel punto, Efialte si avventò con la ferocia di una belva ferita su Apollo e stava già per stenderlo al suolo quando una seconda freccia scagliata dall'arco di Eracle centrò il Gigante nell'occhio destro e lo uccise.

L'intervento di Eracle fu provvidenziale in tutti gli scontri che ebbero luogo tra Dei e Giganti, benché gli Dei si battessero al meglio delle loro capacità.

Dioniso, ad esempio, scaraventò al suolo Eurito, mentre Ecate bruciò Clizio con una torcia, Efesto riuscì ad ustionare Mimante con una sbarra di ferroincandescente, ma fu sempre e solo Eracle il vero risolutore.

Nel solo caso di Atena non vi fu necessità dell'intervento di Eracle, in quanto la dea riuscì ad appiattire il Gigante Encelado con un solo colpo al punto facendolo diventare un'isola, la Sicilia.

Il duello che più di tutti contrassegnò la guerra dei Giganti fu quello tra Zeus e Tifone.

-Tifone vs Zeus

Gea, la Madre Terra, era fuori di sé dall'ira in quanto Zeus, con l'aiuto dei suoi fratelli e dei Centimani, aveva sterminato i suoi figli più amati, i Titani, dal primo all'ultimo.

Ormai non sembrava esservi più nessuno che si potesse opporre allo strapotere di Zeus.

Persa nelle sue elucubrazioni, Gea si rifugia in una grotta della Cilicia e, con la sola forza di volontà e senza il concorso di nessun maschio, partorisce un mostro inimmaginabile, corrispondente all'orrendo Tifone.

Apollodoro lo descrive come il più terrificante di tutti i Giganti per grandezza e forza fisica.

Fino alle gambe, Tifone era di natura umana, per il resto tutto un groviglio di draghi ritorti, così alto che con la testa urtava le stelle, e mentre con una mano sfiorava l'Occidente, con l'altra toccava l'estremo lembo di terra da cui sorge il Sole.

Da capo a piedi, Apollodoro descrive Tifone come coperto di

penne: dalla testa gli scendevano capelli lunghissimi, così come intricata era la barba.

Per completare il quadro, Apollodoro racconta di come Tifone gettasse fiamme e pietre infuocate dagli occhi e di come riempiva l'universo intero di

orrendi ruggiti.

Nelle sue Metamorfosi, è Ovidio a raccontare comeTifone, uscito dagli abissi profondi della Terra, mise tale terrore negli Olimpi che tutti si dettero alla fuga, nascondendosi sotto mentite spoglie finché, stremati, non raggiunsero la terra d'Egitto ele sponde del Nilo.

Gli Dei in fuga di cui narra Ovidio erano nell'ordine: Zeus, Apollo, Dioniso, Artemide, Era,Afrodite ed Ermes.

Qualche altra versione racconta anche di Ares trasformatosi in cinghiale e di Efesto diventato bue,ma a tal proposito i mitologi non sono tutti concordi.

Zeus, sia pure impressionato dall'aspetto dell'avversario e spaventato, affrontò il mostropartorito da Gea.

Tifone, per tutta risposta alle minacce di Zeus, gli lanciò contro due lunghissime fiammate che non andarono a segno ma che in compenso generaronoi deserti del Sahara e dell'Arabia Saudita.

Sempre Apollodoro racconta di come Zeus, visto Tifone da lontano, gli lanciò il suo fulmine e lo spaventò apparendogli davanti armato di un'affilata falce, quando gli fu vicino.

Il mostro fuggiva e Zeus lo inseguì fino al Monte Casio e, raggiuntolo, si azzuffò con lui.

A quel punto Tifone, abbrancato Zeus tra le sue voluminose spire, lo serrò stretto e lo disarmò della falce, gli tagliò i tendini delle mani e dei piedi, poi ze lo caricò sulle spalle e lo portò fino in Cilicia, dove depose Zeus in un antro e mise alla custodia del luogo la dragonessa Delfine, per metà donna e per metà serpente.

Poi ci fu un colpo di scena: da quelle parti passò Cadmo, un eroe greco famoso per la sua abilità di suonatore di flauto. Tifone e Delfine, pur essendo mostri, apprezzavano moltissimo la musica, quindi invitarono Cadmo a suonare il flauto per loro.

Dopo averli accontentati, Cadmo si pavoneggiò, dicendo di essere molto più bravo a suonare la lirama di non avere le corde per fare funzionare lo strumento.

Tifone, caduto nell'inganno, diede a Cadmo i tendini di Zeus, che aveva conservati in una pelle di orso.

Cadmo prima suonò la lira e poi, con il favore delle tenebre, restituì i tendini a Zeus che riacquisì l'uso degli arti, non si fece più cogliere di sorpresa e scagliò su Tifone tutti i fulmini che riuscì.

Il Gigante rispose lanciando macigni grandi come montagne contro il Re dell'Olimpo.

Il duello ebbe fasi alterne, finché Zeus riuscì a stendere al suolo Tifone con un'ultima folgore.

Per maggiore sicurezza, Zeus adagiò il monte Etna sopra Tifone, in modo che non potesse più rialzarsi.

Ancora oggi, affacciandosi sull'orlo del cratere, si può vedere Tifone che urla al cielo tutta la sua rabbia.

Come racconta Pindaro nella Pitica, durante il giorno fuoriescono da Tifone torrenti di lava, che versano cortine incandescenti di fumo, e nelle tenebre una fiamma rosseggiante trascina i massi di pietra con enorme strepito.

Capitolo 6

Il diluvio

Il fatto che tutte le mitologie del mondo narrano di un Diluvio Universale non sembra lasciare dubbi sull'attendibilità storica dell'avvenimento.

Per i Cinesi fu il mostro Kung-kung ad abbattere a colpi di corna il Monte Pu-shou, uno dei pilastri del Cielo, e a provocare un interminabile acquazzone.

Secondo questo mito furono il prode Fu-hsi e sua sorella Niù-Kua che provvidero a salvare sé stessi e tutte le specie animali servendosi di una zattera.

Per i Babilonesi il salvatore di esseri umani ed animali si identificava in Utnapishtim, che costruì un'arca con cui si andò ad arenare in cima a una montagna.

Poi, una volta smesso di piovere, lasciò libera una colomba per mandarla in esplorazione: insomma, si tratta di un mito del tutto identico al racconto biblico di Noè.

Quasi tutte le popolazioni del mondo, anche lontane geograficamente e storicamente, potrebbero narrare di un diluvio che quasi sterminò ogni forma di vita sulla Terra ma per lamitologia greca tutto partì da Licaone.

Licaone, Re di Arcadia, era un uomo molto pio cheamava gli Dei e da loro era ricambiavato con lo stesso affetto.

Il re invitò Zeus a una cena, approfittando di una sera di plenilunio che permetteva di consumare ilpasto all'aperto.

I cinquanta figli di Licaone però, dubitando che l'ospite fosse davvero il Re dell'Olimpo, vollero mettere l'ospite alla prova e insieme allo spezzatinodi vitello gli servirono un contorno cucinato con le interiora di bambino di nome Nittimo, con ogni probabilità un figlio minore di Licaone oppure un parente lontano.

Ovviamente Zeus si accorse del raccapricciante inganno al primo boccone e, disgustato, rovesciò latavola per poi trasformare Licaone ed i suoi figli inun branco di lupi.

Quando la notizia giunse sull'Olimpo, tutti gli Dei inorridirono: i più intransigenti caldeggiavano una punizione assai più esemplare di una trasformazione e, di comune accordo, decisero che i mortali dovevano essere purificati.

Dopo essersi arrovellati sul come attuare la

purificazione del genere umano, le divinità optarono per colpire la terra con un interminabile diluvio: nelle sue Metamorfosi, è Ovidio a tramandare il racconto di come il Vento Noto irruppe volando, minaccioso e coperto da una caligine nera come la pece.

La barba di Noto era rigonfia di nubi, e scrosciò acqua dai suoi capelli bianchi, facendo rovesciaredal cielo infinite piogge.

Zeus chiese poi anche l'intervento di Poseidone il quale chiamò a consiglio i fiumi e disse loro di come fosse necessario che sprigionassero le proprie forze, che spalancassero i propri recessi, che fosse abbattuto ogni loro argine e che occorreva sciogliere le redini alle correnti.

Fatto ciò, con il suo tridente Poseidone percosse laTerra ed essa sussultò e aprì la via alle acque.

Irruppero i fiumi fuori dagli argini su tutto ciò cheincontravano, e insieme ai raccolti trascinarono glialberi, gli armenti, gli uomini e le case, tanto che sotto i gorghi sparirono perfino le torri più alte.

Mare e terra non ebbero più nessun confine, essendo il mare in ogni luogo, e mancando le rive asegnare i limiti.

Ovidio indugia nel descrivere questo scenario apocalittico con dovizia di particolari, narrando di come le Nereidi videro le città sommerse e le case sott'acqua, i delfini vagare tra le foreste e urtare i rami più alti delle querce, mentre il lupo nuotava fra le pecore, e i leoni e le tigri venivano trascinati dai flutti.

Ai cinghiali a nulla servirono le terribili zanne, néle veloci zampe ai cervi travolti e gli uccelli errabondi con le ali stanche precipitarono in mare dopo aver a lungo volato per trovare un lembo di terra dove posarsi.

In questa immane catastrofe si salvarono solo in due, Deucalione e Pirra, che furono di fatto colore che ripopolarono la terra.

Il Re di Ftia Deucalione, un giorno era andato a visitare suo padre Prometeo, ai tempi incatenato su una montagna del Caucaso, e aveva saputo dell'imminente catastrofe; in questo modo potette correre ai ripari e farsi costruire dai sudditi una barca abbastanza grande da ospitare coppie di animali nel maggior numero che si riuscisse.

L'arca navigò nove giorni e nove notti sotto la tempesta, per poi andarsi a incagliare su una delle due cime del Parnaso.

A quel punto anche Deucalione liberò una colomba perché andasse in esplorazione.

Le acque si abbassarono e cominciarono a spuntare i primi colli, poi il mare recuperò le sue rive ed i fiumi ritornarono nel proprio argine.

Man mano che le onde defluirono, si ampliarono le distese dei campi e si mostrarono le vette delle folti foreste che nelle foglie trattenevano ancora tracce di limo.

Deucalione e Pirra, a questa visione, si guardarono l'un l'altra angosciati e realizzarono come erano riusciti sì a salvarsi dal nubifragio, ma erano anche gli unici superstiti. Non poterono trattenersi dal piangere.

La loro disperazione fu avvertita dalla dea Temi che, impietosita, suggerì loro di cingersi la testa con un velo, slegarsi la cintura e gettarsi alle spalle le ossa della madre.

Dopo un iniziale avvilimento, Deucalione e Pirra riuscirono a venire a capo dell'enigmatico suggerimento di Teti e compresero come la madre,

cui Temi si riferiva, altri non era che la Grande Madre Terra su cui poggiavano i piedi e le sue ossa i sassi che avrebbero incontrato sul cammino.

E le pietre cominciarono a perdere la durezza, e a diventare malleabili, e ad acquistare la forma. Poi, quando si allungarono, fu possibile scorgere in loro una vaga apparenza di figura umana, come di marmo appena sbozzato, e simile in tutto a statue non ancora compiute. Di esse, la parte più umida si mutò in carne umana e quella più solida, non potendo più ammorbidirsi, ne divenne lo scheletro. E fu cosicché in breve volgere di tempo, per volere dei Numi, le pietre scagliate dal maschio assunsero l'aspetto dei maschi, e quelle gettate dalle mani della femmina ricostituirono il genere femminile.

CAPITOLO 7
ANEDDOTI, RIVALITÀ ED AMORI

L e scappatelle di Zeus e la gelosia di Era

Zeus ed Era potrebbero essere indicati come lo stereotipo della coppia che litiga.

Per narrare di tutti i tradimenti perpetrati da Zeus e tutte le conseguenti vendette di Era non basterebbero migliaia di pagine ed occorre pertanto citare solo le scappatelle principali del Re dell'Olimpo.

A Zeus piacevano molto le donne e la prima a cui avanzò le proprie attenzioni fu sua madre Rea: un giorno, preso da raptus erotico, la stuprò.

Inutilmente la malcapitata Rea cercò di tramutarsi in serpente perché Zeus fece lo stesso e finì per raggiungere il suo scopo.

In seguito Zeus conquistò nell'ordine: la cugina Meti, la Dea dell'Ordine Temi, unione da cui furono generate le Stagioni e le Moire, nonché Eurinome (da non confondere con l'omonima del mito pelasgico) dando i natali alle tre Grazie, quindi Mnemosine che fu madre delle Muse, e poiancora la cognata-nipote Persefone.

Tutti questi veri e propri stupri nascondono sempre un'allegoria. Ad esempio, quella di Temi(la Dea dell'Ordine) sta a ricordare che gli antichi

Elleni si erano caricati della responsabilità di ordinare il calendario; quella di Mnemosine che genera le Muse evoca la necessità di lenire con l'arte del canto le pene ai mortali, e via discorrendo.

La tecnica di seduzione più adoperata da Zeus era il travestimento; infatti, per giacere con Alcmena, il Re dell'Olimpo assunse le sembianze del marito Anfitrione appena tornato dalla guerra.

Con Nemesi, diventata oca, Zeus si tramutò in cigno e dall'unione tra i due si ottenne un uovo che fu covato da Leda, dal quale nacque la bellissima Elena di Troia.

Per soddisfare le proprie pulsioni senza farsi cogliere in fallo da Era, Zeus trasformò la giovane ninfa Io in una mucca e sé stesso in un toro.

Infine, per fecondare Danae, murata viva da suo padre Acrisio a causa di un oracolo che gli aveva predetto che un giorno sarebbe stato assassinato da un nipote, Zeus si trasformò in una pioggia dorata e penetrò nella prigione di Danae attraverso alcune crepe del soffitto.

In verità, sull'episodio di Danae sono state insinuate moltissime malignità circa la sua interpretazione allegorica: secondo alcune autorevoli menti, tra cui Klimt ed il poeta Orazio, la

pioggia dorata altro non starebbe ad indicare che a volte, per ottenere che una donna si conceda al suo spasimante, basta che questi si mostri ricco e generoso nei suoi confronti.

La Regina dell'Olimpo, però, spesso e volentieri si vendicava: un giorno, stanca di essere continuamente tradita, aizzò l'intero Olimpo perché imprigionasse il marito infedele.

Fu in quell'occasione che, con la sola eccezione di Estia, tutti gli Dei attaccarono Zeus per immobilizzarlo con corde di cuoio i cui nodi erano talmente coordinati che, se si tentava di scioglierne uno, tutti gli altri si riannodavano spontaneamente.

A trarre in salvo Zeus provvide la Nereide Teti che, temendo una guerra di potere che avrebbe di nuovo destabilizzato l'Olimpo, chiamò in suo aiuto il Gigante Briareo.

Costui, in quanto Centimane, riuscì a sciogliere i cento nodi nel medesimo istante.

Questo aneddoto è citato da Omero nella sua Iliade, per bocca di un Achille accecato dall'ira, ricorda

alla madre Teti il favore fatto a Zeus in quell'occasione.

Non occorre pensare, però, che il rapporto tra Zeus ed Era fosse sempre tanto burrascoso: di tanto in tanto Era si faceva prestare da Afrodite il kestós imás, ovvero la cintura magica dove erano racchiusi tutti i trucchi amorosi, ovvero, secondo Omero, il desiderio sessuale, le dolci parole e la seduzione che rapisce la mente degli uomini saggi, e gli prodigava attenzioni ed effusioni. Quando non erano in astio, tra Zeus ed Era tutto andava a perfezione ed a conferma di ciò vi è un racconto mitologico che ci tramanda l'informazione di una loro notte d'amore sia durata la addirittura trecentoanni.

La disputa tra Atena e Poseidone

Atena iniziò già in giovane età a mostrare doti didonna saggia ed equilibrata, oltre che di valente guerriera, tanto che insegnò anche alle mortali a dipingere, a tessere ed a ricamare.

Con il trascorrere del tempo, stando ad Apollodoro, Atena chiese a suo padre Zeus che le fosse concessa una regione della terra che la onorasse; il Re dell'Olimpo, che da sempre aveva un debole per la figlia tanto diligente, voleva assegnarle l'Attica ma dimenticò di come avesse già promesso il

patrocinio di quella terra al fratello Poseidone; da questo conseguì una aspra disputa tra Atena e suozio.

Atena, dea della sapienza e della saggezza e Poseidone, dio del mare, iniziarono a contendersi laancora anonima capitale dell'Attica appena fondata e governata dal suo primo sovrano, Re Cecrope, perché il dio Fato ne aveva predetto un futuro riccoe prosperoso.

Entrambe le divinità volevano esserne i protettori e neppure l'intervento di Giove, trovatosi nel mezzo del fuoco incrociato del fratello e della figlia, riuscì a mettere d'accordo i due contendenti, quindi il Re dell'Olimpo decise di risolvere la questione con una disputa tra i due e pose Cecrope come arbitro della contesa.

Gli abitanti della città furono chiamati a radunarsi sull'acropoli perché potessero scegliere il dono più bello tra i due che Atena e Poseidone avrebbero

mostrato loro.

Atena conficcò in terra la punta della sua lancia e ne spuntò un albero di ulivo, Poseidone fece balzare dalle onde del mare un cavallo magnifico.

Dopo giorni di consultazioni fra Cecrope e gli anziani della città, il responso proclamato dal Re fu favorevole ad Atena perché, motivarono gli ateniesi, il cavallo di Poseidone era simbolo di forza, potenza e guerra ma l'ulivo rappresentava la prudenza e la pace, anche trattandosi di un dono più modesto.

La guerra poteva forse portare maggiore ricchezza ma la pace garantiva che i beni già posseduti dalla città e dai cittadini fossero fonte di serenità per un periodo più duraturo.

Entrambi i doni erano meravigliosi ed erano stati apprezzati dagli ateniesi, quindi gli ateniesi eressero templi in onore di Poseidone e non gli fecero mai mancare riti e sacrifici, ma soprattutto, in suo onore, costruirono la città in riva al mare.

La tessitrice Aracne

Il mito di Aracne è raccontato da Apuleio nelle sue Metamorfosi.

Secondo il racconto mitologico, Aracne era una tessitrice originaria della città di Ipepe, in Lidia, figlia d'arte del famoso tintore Idmone.

La giovane era talmente abile nella tessitura da fare invidia alla dea Atena, divinità a cui tutte le donne mortali dovevano l'insegnamento della tessitura, da cui tutti ritenevano che Aracne avessepreso la sua arte.

Racconta il mito, però, che la giovane si inorgoglì talmente che, quando le si chiedeva chi le avesse insegnato a tessere, Aracne attribuiva la capacità unicamente a sé stessa e sosteneva che neppure Atena in persona sarebbe stata in grado di eguagliare le sue creazioni.

Addirittura, in un'occasione Aracne sfidò la divinità in una pubblica gara di tessitura.

Atena, appena seppe della sfida lanciata da Aracne,

decise di scendere sulla terra per incontrare la giovane e parlare con lei sotto le mentite spoglie diun'anziana donna.

Quando le due si incontrarono, Atena le chiese ad Aracne di ritirare la sua sfida, accontentandosi del titolo di migliore tessitrice fra i mortali ma Aracne non fece alcun passo indietro e, con molta arroganza rispose che, se la dea non avesse accettato la sua sfida, probabilmente sarebbe statoper paura.

Atena a quel punto si mostrò alla ragazza e accettòla sfida.

Una di fronte all'altra, Atena e Aracne iniziarono atessere, senza sosta, per giorni e notti.

Atena realizzò un arazzo in cui rappresentò le proprie imprese, Aracne ne fece uno in cui mostrò gli amori ed i vizi degli dei.

Entrambe le tele mostravano una maestria fuori dal comune, ma le immagini contenute in quella di Aracne sembravano davvero stare per prendere vita ed anche la stessa Atena dovette ammettere che la tela di Aracne aveva una bellezza che mai si era vista: i personaggi sembrava balzassero fuori dalla tela per compiere le imprese rappresentate.

Presa dall'invidia, Atena rovesciò il telaio di Aracne e ne ridusse la sua tela in mille pezzi.

Inoltre, picchiò la ragazza con la sua spola, fino ache Aracne non fuggì nel bosco, spaventata.

La ragazza, per sfuggire all'ira della dea, cercò di togliersi la vita impiccandosi ad un albero, ma Atena glielo impedì.

La dea decise di infliggere ad Aracne una punizione ancora peggiore, ovvero quella di tessere per tutta la sua vita, filando con la bocca sotto forma di ragno, pendendo dallo stesso albero sul quale avrebbe voluto uccidersi.

Il mito di Tizio

Nel racconto mitologico greco Tizio, noto anche con il nome di Titio, apparteneva ai Giganti.

La tradizione narra che Tizio fosse figlio di Elara e di Zeus, il quale però temeva ripercussioni da parte

di Era, che odiava con tutta sé stessa le amanti del marito.

Zeus, per cercare di nascondere la propria amante, la condusse fra le montagne della Beozia e qui Elara diede alla luce Tizio, anche se per Omero era figlio di Gea e non di Elara.

In seguito alla nascita di Tizio, Zeus tradì di nuovoEra e stavolta con Latona, da cui ebbe Artemide edApollo.

Era, gelosissima di Latona, instillò dentro Tizio unforte desiderio violento e lo inviò alla ricerca di Latona.

Quando il Gigante trovò la donna, lei si trovava nel Bosco di Panopeo, sulla strada per Delfi, dove si appartò in un sacro boschetto per celebrare dei riti e Tizio irruppe cercando di stuprarla.

I figli Artemide ed Apollo, però, sentirono le gridadella madre ed accorsero tempestando il gigante con molte frecce, uccidendolo.

Ci sono, a questo punto, diverse versioni accreditate da autori diversi: Apollonio Rodio e Quinto Smirneo sostengono che fu solo Apollo ad uccidere il Gigante, Pindaro e Callimaco narrano che fu solamente Artemide ma in ogni caso Zeus

accettò la morte del figlio, interpretandolo come un atto di giustizia.

Tizio fu imprigionato nel Tartaro, dove venne precipitato e condannato alla terribile tortura di essere immobilizzato a terra e di venire costantemente divorato da due aquile e da un serpente, che gli rodevano il fegato per l'eternità.

Una tortura che ricorda quella inflitta a Prometeoda Zeus.

Secondo una versione del mito, Tizio ebbe un figliodi nome Taso ed una figlia di nome Europa che, anche lei sedotta dal solito Zeus, genererà Eufemo,uno degli Argonauti.

In Eubea esisteva una grotta adibita a santuario, dove Tizio riceveva un culto, attestato anche in Beozia.

Il supplizio di Tantalo

Tantalo era il ricco sovrano della Lidia, regione occidentale dell'Anatolia; era figlio di Zeus e dellaninfa Pluto, padre di Pelope e di Niobe.

Data la sua discendenza divina, all'inizio Tantalo era ben voluto dalle divinità che lo consideravano ad ogni modo, come tutti i semidei, un familiare lontano; la benevolenza degli dei iniziò a miscelarsi con il disappunto quando Tantalo, credendosi esente da punizioni, tentò di rapire il bellissimo mortale Ganimede e quando rubò l'ambrosia, il nettare destinato solo alle divinità, per poi distribuirlo alla popolazione durante un banchetto pubblico presso la sua corte, nonché quando rubò ad Efesto una splendida scultura in oro raffigurante un cane e forgiata dal dio.

Da sempre avido di attenzione e di fama, Tantalo si arrampicò fino alla cima dell'Olimpo per conoscerle divinità di persona.

Zeus, colpito dalla determinazione mostrata da Tantalo, pensò di riceverlo presso la sua corte ed addirittura di invitarlo a cena, interpretando il lungo pellegrinaggio del figlio illegittimo come un atto di espiazione delle precedenti malefatte.

La felicità di Tantalo fu inimmaginabile ed il giorno dopo tutti i suoi conoscenti seppero dell'avventura.

Ma nessuno credette ad una sola parola di quello che Tantalo riferiva e quindi lui si arrampicò di nuovo in cima all'Olimpo e scongiurò gli Dei di restituirgli la visita e di lasciarsi ospitare a casa sua.

Le divinità accettarono di ben volentieri ed anzi l'invito fu accettato da una schiera assai più numerosa di quanto lo stesso Tantalo si aspettasse.

Mnemosine, ad esempio, portò con sé le Nove Muse, Eurinome si fece accompagnare dalle Graziee via dicendo.

Ad un certo punto Tantalo si accorse di non avere in dispensa abbastanza cibo per i tanto illustri ospiti; avendo numerosi figli, pensò di sacrificarneuno, Pelope, e di servirlo alle divinità.

Tantalo si pentì molto presto della cosa.

Gli Dei se ne accorsero subito e respinsero la portata, ad eccezione di Demetra che, distrattacome sempre, sbocconcellò una spalla del malcapitato Pelope.

Zeus provvide a ricomporre il corpo di Pelope, cheritornò in vita più bello e più forte di prima, con una protesi in avorio fabbricata da Efesto al posto della spalla rosicchiata.

In seguito, mentre il redivivo Pelope fondava il

Peloponneso, Tantalo per punizione fu imprigionato

nell'Oltretomba, legato ad un albero di una palude e condannato a patire la fame e la sete eterne.

Aveva i frutti a pochi centimetri dalle labbra, ma se cercava di addentarli questi subito si allontanavano, mentre l'acqua della palude saliva fino a lambirgli la bocca, per poi abbassarsi di nuovo non appena

lui cercava di bere.

Un enorme macigno, inoltre, sovrastava l'albero acui Tantalo era legato, minacciando di schiacciarloda un momento all'altro.

A questo mito si deve l'esistenza dell'espressione supplizio di Tantalo per indicare il tormento di chi desidera tantissimo qualcosa apparentemente a portata di mano ma il cui desiderio è destinato a rimanere perennemente inappagato.

L'astuto Sisifo

Sisifo, figlio del dio del vento Eolo e di Enarete nonché fondatore e primo sovrano della città di Efira, era considerato come il più astuto tra i mortali e rimase famoso per aver tradito Zeus in una delle solite scappatelle che il Re dell'Olimpo siconcedeva.

Avendo saputo che Zeus si era appartato con la bella Egina, figlia del fiume Asopo, raccontò tutto al padre di lei con lo scopo di ottenere in cambio una fontanella che sgorgasse al centro di Corinto.

Fuori di sé dalla rabbia, Zeus lo affidò al fratello Ade perché questi lo punisse a dovere; a quel punto Sisifo, prima di farsi incatenare dal Dio degli Inferi, si fece spiegare da questi il funzionamento dei lucchetti e, quando Ade glielo mostrò incatenando sé stesso, Sisifo gli rubò le chiavi.

Con Ade incatenato, da quel giorno in poi nessuno poteva più morire sulla Terra, tanto che nemmeno i decapitati ci riuscivano, continuando a vivere seppure solo con la testa. Dopo circa un anno, un disperato Ares cercò e scoprì la prigione di Ade, uccise l'astuto Sisifo e lo trascinò nell'Oltretomba.

La pena a cui venne condannato per avere oltraggiato fino a questo punto non solo le divinità ma lo stesso ordine naturale delle cose, nota anche

come fatica di Sisifo, consisteva nel dover trasportare sulle spalle un masso in cima ad una collina, per poi vederlo rotolare di nuovo a valle edover ricominciare tutto ddaccapo

Secondo Albert Camus, Sisifo non soffriva tanto a spingere il masso in salita, quanto a vederlo rotolare in basso, in base al principio secondo cui non è tanto la fatica a spaventare l'essere umano, quanto piuttosto la sua inutilità.

La filantropia di Prometeo ed il Vaso di Pandora

Nelle Metamorfosi di Ovidio, il poeta mitologico racconta un'interessante versione circa la nascita degli esseri umani, ad opera di Prometeo ed Epimeteo, due divinità minori, figli del Titano Giapeto.

Intrisa la terra con l'acqua di un fiume, Prometeo la plasmò a immagine e somiglianza degli Dei dell'Olimpo.

Però, mentre aveva plasmato gli animali con lo sguardo rivolto verso il suolo, all'essere umanoconcesse un viso eretto in modo che potesse ammirare il cielo e volgere lo sguardo verso le stelle.

Il nome di Prometeo, in greco antico, significa Colui che riflette in tempo, mentre Epimeteo significa Colui che riflette in ritardo e questo spiegaanche perché costui, nel distribuire le risorse vitali, si dimenticò di donare agli uomini i mezzi per sopravvivere, come le unghie per arrampicarsi sugli alberi, la pelliccia per il freddo, e le zanne per sbranare i nemici.

Nel Protagora, il filosofo Platone racconta questafase della genesi e mostra come Epimeteo avessefatto di tutto per aiutare ogni specie vivente.

Nel compiere la distribuzione, Epimeteo ad alcunidonava la forza e non la velocità e ad altri, invece, la velocità per la fuga. Alcuni esseri viventi venivano armati e ad altri, già per natura inermi, Epimeteo forniva i mezzi di salvezza.

Così facendo, però, finì per distribuire tutto quelloche aveva, in modo che nessuna stirpe potesse maiestinguersi.

Dopo i mezzi per la difesa, Epimeteo escogitò ingegnosi modi per protegge gli esseri viventi dalleintemperie delle stagioni di Zeus, come ad esempiofolti peli e spesse pelli per resistere al freddo, ma anche capaci di sopportare il caldo.

Ad alcuni animali Epimeteo donò gli zoccoli, ad altri gli artigli. Mancando di esperienza, il generoso Epimeteo finì con il donare tutto agli esseri privi diragione e nulla al genere umano.

Prometeo rimproverò il fratello di avere equipaggiato gli animali e di avere lasciato gliesseri umani nudi come vermi.

Epimeteo rispose scusandosi ed ammettendo di essersi sbagliato nel suddividere le forniture.

Epimeteo era stato troppo generoso all'inizio con i leoni, le scimmie, gli orsi, le lepri e i cinghiali, e quando era giunto agli umani non aveva più nullada dare.

Da quel giorno, Prometeo divenne una sorta di paladino difensore della specie umana e fu per aiutare l'umanità che un giorno, in quel di Sicione, dovendo sacrificare mezzo bue a Zeus, Prometeo divise la carcassa dell'animale in due parti: una

metà più grande, dove nascose tutte le ossa, e un'altra molto più piccola, dove stipò tutta la carne.

A quel punto, chiese Zeus quale delle due metà preferisse e il Re dell'Olimpo, ovviamente, scelse laparte più grande.

Non appena si accorse, però, di aver ricevuto solo pelli e ossa, montò su tutte le furie e sbraitò dicendo che, datosi che gli esseri umani avevano voluto ingannarlo per tenersi la carne, avrebbero dovuto mangiarla cruda.

Così, Zeus tolse il fuoco ai mortali.

Invano gli esseri umani strusciarono tra loro ramoscelli secchi oppure pietre di selce: non una scintilla scaturiva più sulla faccia della terra.

Oltretutto l'inverno che Zeus fece sopraggiungere quell'anno fu ancora più rigido del solito e gli esseri umani, per difendersi dal freddo della notte, furono costretti a dormire avvinghiati gli uni agli altri.

A quel punto, Prometeo, reagì da par suo: secondo Diodoro Siculo, inventò la pietra focaia, secondo altri, invece, impietosito dai disagi dei mortali, si arrampicò sull'Olimpo con il proposito di restituire

il fuoco al genere umano.

Si nascose dietro il portone dove ogni mattina, all'alba, usciva Apollo con il carro del Sole e al suo passaggio riuscì a rubargli una scintilla di fuoco, che nascose nel cavo di una ferula da frecce, qualche versione del mito racconta di un bastone sacerdotale cavo all'interno.

Quando Zeus si accorse che il fuoco era tornato nelle case dei mortali, la sua ira fu incontenibile.

Per tre giorni e tre notti la Terra fu devastata da tempeste, terremoti e alluvioni e, una volta sbollita la sua rabbia, il Re dell'Olimpo cominciò a indirizzare la propria vendetta contro bersagli più definiti.

Innanzitutto Zeus si contrariò nei confronti di Prometeo, da lui considerato un autentico traditore della stirpe divina; convocato il divino fabbro Efesto, conosciuto anche come l'Ambidestro, e due suoi aiutanti chiamati Dominio e Terrore, chiese loro di incatenare Prometeo su una vetta del Caucaso.

In verità, il poeta Eschilo, nel suo Prometeo incatenato, racconta come Efesto non aveva alcuna intenzione di torturare Prometeo che, in fondo, rimaneva pur sempre un suo consanguineo.

Dominio, accorgendosi del suo disagio, lo redarguì pesantemente, chiedendogli come facesse ad averne pietà e ricordandogli di come Prometeo avesse tradito la loro stirpe. Efesto rispose ribadendo lo stesso il legame di sangue e ricordando di come fossero vissuti insieme da sempre.

Rivolgendosi poi a Prometeo, quasi a scusarsi, Efesto disse a Prometeo di come avrebbe dovuto incatenarlo alla roccia, con blocchi di bronzo che non si sarebbero potuti mai spezzare.

In quel luogo Prometeo non avrebbe visto più nessuno, né udito voci di esseri viventi, ma sarebbe rimasto immobilizzato e ad ustionarsi al sole.

Prometeo urlò, imprecò contro Zeus, ma la tortura era solo agli inizi perché un frullio di ali gli annunciò l'arrivo di un'aquila che gli si avventò.

Ermes giunse insieme al volatile ed informò Prometeo sui particolari del supplizio e di come avrebbe dovuto scontare la propria colpa per lunghissimi anni, mentre l'aquila striata di sangue avrebbe fatto scempio di lui e si sarebbe nutrita del suo fegato. Non solo: affinché lo strazio durasse più a lungo, Zeus comandò che il fegato di Prometeo si

rigenerasse ogni notte, per permettere all'aquila di beccarlo in eterno.

Per punire i mortali, a Zeus venne un'idea molto curiosa: quale pena per avere rubato il fuoco, il Re dell'Olimpo volle donare ai mortali un male di cui si sarebbero dovuti rallegrare, in modo da fare festaal loro stesso male.

Così decise Zeus e, stando a quanto racconta Esiodo nella sua opera intitolata Le Opere ed i Giorni, ordinò all'industrioso Efesto che subito realizzasse, impastando acqua e creta, un mostro che somigliasse alle Dee immortali, di bella, virginea e amabile presenza.

In parole povere, Zeus comandò ad Efesto di creare la prima donna, definita dal Re dell'Olimpo come un mostro, bello a vedersi ma tormentatore degli uomini fino alla morte.

L'Ambidestro plasmò quindi con la terra un'immagine simile ad innocente vergine, a cui tutte le dee elargirono dei doni: Atena le donò unasplendida cintura, le Cariti e la Persuasione le abbellirono il corpo con monili d'oro, le Ore le donarono una corona di fiori mentre il messaggeroArgifonte, per volere di Zeus, le mise in petto

l'indole ingannatrice, le menzogne e gli astutidiscorsi.

Questa donna fu chiamata Pandora (Portatrice ditutti i doni).

Per fare in modo che i mortali accettassero Pandora, Zeus la propose in moglie a Epimeteo, facendo leva sull'ingenuità di quest'ultimo e confidando che egli accettasse di unirsi a Pandora.

Epimeteo infatti non se la fece sfuggire perché appena la vide perse il senno e la volle subito accanto a sé.

Insieme alla donna, Zeus fece pervenire ad Epimeteo anche il primo regalo di nozze della storia, consistente nel famigerato Vaso di Pandora, raccomandando che non dovesse mai essere aperto, per nessun motivo.

Prometeo aveva messo in guardia il fratello e gli intimò di non accettare mai doni da Zeus ed infatti, nonostante il perentorio divieto, la curiosità di Pandora ebbe la meglio ed un brutto giorno la donna volle aprire l'anfora per vederne il contenuto, facendone uscire tutti i mali del mondo, quelli che ancora oggi tormentano tutti gli esseri umani.

Fino a quel giorno la stirpe mortale era vissuta lontana dai mali, senza essere costretta a lavorare esenza che le malattie conducessero gli esseri umanialla morte.

La donna, sollevando il coperchio dal Vaso, disperse i mali e procurò a tutta l'umanità eventiluttuosi.

Per fortuna, in fondo al Vaso, un impietosito Zeusnon mancò di porre la Fallace Speranza, che almeno avrebbe dato al genere umano la forza di affrontare e sopravvivere a tutti i mali fuoriusciti dal vaso.

Il rapimento di Persefone

La dea Demetra era particolarmente amata dall'umanità in quanto proteggeva il lavoro dei campi, faceva maturare i frutti e rendeva biondo ilgrano, ricopriva la terra di fiori e di erbe.

Demetra aveva una figlia di nome Persefone, una fanciulla bionda ed allegra, sempre sorridente e condue grandi occhi fiduciosi e profondi.

In un mattino sereno in cui il sole illuminava raggiante Persefone, in compagnia di altre ninfe, sidivertiva a correre sui prati ricoperti di erba piena di rugiada e di fiori multicolori.

Le splendide creature ridevano, scherzavano, gareggiavano nel raccogliere fiori per farne ghirlande e adornarsi le vesti.

Come racconta Omero nel suo Inno a Demetra, quel giorno un terribile boato lacerò l'aria e la terrasi spaccò, dal baratro balzò fuori, su un cocchio d'oro trainato da quattro cavalli nerissimi, un dio bello e vigoroso ma dallo sguardo triste.

La divinità, con le sue braccia possenti afferrò Persefone e la trascinò con sé incitando i cavalli acorrere velocemente.

Era Ade, il Signore dell'Oltretomba che, preso dalla bellezza di Persefone, si era innamorato perdutamente di lei.

Dopo avere chiesto e ottenuto da Giove il consenso di poterla sposare, era comparso sulla terra e l'aveva rapita.

La fanciulla atterrita levò in alto terribili grida, ma nessuno udì la sua voce eccetto Ecate, Perse ed Elio.

Persefone implorò Zeus ma questi, poiché aveva

dato il suo benestare al rapimento, non potéaiutarla.

I cavalli intanto galoppavano veloci e Persefone, prima di entrare nel grembo della terra, rivolse alla madre un'ultima e disperata invocazione.

Il suo grido fu così forte che montagne, boschi e prati fecero eco alla sua voce.

Demetra udì dall'Olimpo le urla della figlia e, sconvolta dall'ansia, scese volando in terra.

Cercò ovunque l'adorata figlia, vagò per nove giorni e nove notti. Visitò gli angoli più nascosti e lontani senza mai assaggiare né ambrosia né nettare tanto era il suo dolore.

Demetra cercò Persefone persino negli antri marini, chiese notizie all'aurora, al tramonto, ai fiumi, ma nessuno volle dirle la verità.

All'alba del decimo giorno, quando ogni ricerca risultò vana la dea, in preda alla più folle angoscia, interrogò Ecate.

Ecate ebbe pietà di lei e volle rassicurarla, dicendole che era stato Ade a rapire Persefone per condurla con sé nel suo regno e farne la propria Regina, sposandola.

Demetra, sempre più disperata, si allontanò dall'Olimpo e si rifugiò ad Eleusi, in un tempio a lei consacrato, dimenticandosi della terra che aspettava la sua protezione.

A poco a poco, i frutti marcirono, le spighe seccarono, i fiori e i prati ingiallirono e infine la terra divenne brulla e riarsa.

Zeus a quel punto ebbe compassione degli esseri umani, chiamò Iride e la mandò da Demetra perché la invitasse a tornare tra gli dei.

La dea messaggera, purtroppo, non riuscì adottenere nulla.

Tutti gli dei, uno dopo l'altro, andarono a supplicarla offrendole doni magnifici, ma Demetranon si lasciò convincere.

Ella rispose a tutti che non avrebbe donato né messi né ricchezze ai campi se prima non avesseriavuto sua figlia.

Zeus, quindi, mandò Ermes dal Re dell'Oltretomba perché lo persuadesse a rendere la fanciulla alla madre.

Ade non osò disubbidire al volere di Zeus, ma

meditò in cuor suo di non restituire Persefone per sempre e quindi esortò la fanciulla a salire sul carro che doveva ricondurla sulla terra ma, prima che ella si allontanasse, le offrì alcuni chicchi di melograno.

Persefone li accettò, ignorando che per un'antica legge divina i rossi chicchi di quel frutto l'avrebbero per sempre legata agli inferi.

E infatti, quando Zeus ordina che la ragazza vengarestituita a sua madre, sempre che nel frattempo non abbia toccato il cibo dei morti, il giardiniere dell'Oltretomba Ascalafo, segnala al Re dell'Olimpo che, in verità, lui l'ha vista piluccare dei chicchi di melagrana.

Insieme a Ermes, la fanciulla ritornò nel mondo della luce e si recò nel tempio di Eleusi, dove trovò Demetra che, al solo vederla, si trasfigurò in volto e corse incontro alla figlia, stringendola teneramente.

Demetra e Persefone si consolarono a vicenda, parlando a lungo tra loro.

Demetra comprese che il legame tra la sua amata figlia e Ade era ormai indissolubile e perciò chiese a Zeus di poterla avere con sé almeno per una partedell'anno.

Dopo lungo riflettere, Zeus stabilì che Persefonevivesse otto mesi l'anno con Demetra e quattro mesi con Ade.

Il Re dell'Olimpo acconsentì, prendendo questa strada, ad un punto di incontro fra Demetra ed Adeed in questo modo Demetra ritornò finalmente fra gli dei e la natura rinacque.

Da quel giorno, ogni volta che Persefone torna nel mondo, Demetra mostra la propria felicità ricoprendo i prati di fiori, facendo maturare i fruttisugli alberi e facendo in modo che il grano germogli nei campi.

È la stagione della Primavera, mentre la cupezza dell'inverno giunge nel momento in cui Persefone deve fare ritorno presso la reggia di Ade e sua madre Demetra si lascia avvolgere dalla tristezza nel non poter rivedere la figlia per altri sei mesi.

Ascalafo, invece, fu tramutato da Demetra in un barbagianni, perché aveva osato fare il delatore presso Zeus, impedendo il vero e completo ritornodi Persefone.

CAPITOLO 8
I MITI DEGLI EROI

Definizione dell'Eroe greco

L'eroe, nella mitologia greca, è quasi sempre un semidio, persona generata da una divinità ed un individuo mortale, dotato di particolari poteri, come Eracle oppure Achille; in casi eccezionali può essere anche una persona comune, come Ettore oppure Odisseo, con un coraggio decisamente superiore alla norma, in grado di tenere testa ai semidei.

L'eroe, nel mondo classico, era il personaggio più importante: al di sopra degli artisti, dei poeti, dei politici e forse anche degli Dei, tutto questo perché dalla sua forza fisica e dal suo coraggio dipendevala sopravvivenza stessa di tutta la loro comunità.

All'epoca di Socrate, essere ridotti in schiavitù era all'ordine del giorno: basti pensare al rapporto numerico esistente tra schiavi e cittadini nel V Secolo Avanti Cristo, che era di quattro schiavi per un cittadino ad Atene, ed addirittura di otto schiavi per un cittadino nelle città costiere come Corinto, incui trovavano riparo centinaia di navi con le ciurmeperennemente incatenate ai remi.

Lo schiavo rematore, in particolare, veniva sciolto dalle catene che lo tenevano al suo posto solo a

morte avvenuta; da vivo, invece, era solo un membro utile della moltitudine: mangiava, beveva, dormiva, faceva i suoi bisogni e

126

spesso annegava sempre sul posto di lavoro.

Nell'antica Grecia le città venivano attaccate in media una volta ogni venti anni, quindi ogni greco adulto finiva per rischiare la traumatica esperienza della schiavitù almeno due volte nell'arco della vita.

E' fin troppo evidente che poter contare su un soggetto di grande prestanza fisica, sempre desideroso di dimostrare il proprio coraggio, equivaleva ad una rassicurazione enorme.

A volte era sufficiente la sola fama di un Eroe per tenere a bada gli aggressori e questo anche quando l'Eroe era morto e sepolto, perché veniva fatta girare la voce che egli continuasse a combattere sotto forma di fantasma e tanto bastava per spargere il terrore tra gli aggressori più superstiziosi.

Pausania, nella sua Guida alla Grecia, narra di come, quando i Locresi aggredirono i Crotoniati, questi ultimi chiamarono in loro aiuto Aiace di Oileo, all'epoca già defunto, che si battè lo stesso come se fosse stato ancora vivo, riuscendo a colpire al cuore il capo degli assalitori di nome Leonimo.

Invece Erodoto racconta come, durante l'invasione persiana di Serse, al santuario di Delfi furono visti i due demoni (nel significato greco di daimones, che significa anime) di Filaco e di Autonoo, nella forma di guerrieri giganteschi, uscire dai rispettivi loculi e battersi come leoni anche se erano defunti alcuni anni prima.

Le tombe degli eroi erano veri e propri santuari (heroa) dove i cittadini potevano andare a pregare a qualsiasi ora del giorno e dove si celebravano riti propiziatori in occasione di guerre oppure di altre calamità.

In genere queste tombe erano costituite da un semplice blocco marmo di grandi dimensioni, posto al centro di un colonnato, con oppure senza statua, e quasi sempre circondato da un giardino e da un muro di cinta.

La tradizione voleva che, sul lato occidentale, in una fossa davanti al monumento, venissero sacrificati generi di conforto come vino, latte e unguenti profumati, anziché animali da tiro che erano preziosi per l'agricoltura; questo per consentire all'eroe di usufruire, anche nell'oltretomba, delle cose che più aveva amato

nella vita.

Nel caso di Aiace di Oileo, morto in mare a causa di un colpo di tridente sferratogli da Poseidone, i Locresi incendiavano e affondavano ogni anno una nave carica di vettovaglie, sempre allo scopo di procurargli i suoi cibi preferiti.

L'heroon era un luogo di grande sacralità: stando a quanto spiega Eliano nella sua Storia, recidervi una pianta, o anche solo spezzarne un ramo, era un reato punibile con la morte. Stando a Pausania, presso alcune tombe, era proibito perfino raccogliere le olive che cadevano dagli alberi, come quella dell'eroina Irneto ad Epidauro; però in compenso era consentito avvicinarsi alla tomba, sedersi nel giardino e rivolgere la parola all'eroe e non era escluso che l'anima interpellata potesse rispondere.

128

Una leggenda molto in voga tra i pescatori dello Stretto Dei Dardanelli che, ancora oggi, durante le notti di tempesta si può udire la voce di Achille che recita i versi dell'Iliade, mentre dalla vicina pianura di Troia giunge un rumore indistinto di armi e di carri lanciati al galoppo.

Presso altri heroa, invece, non si udiva alcun suono. Strabone racconta, nella sua Geografia, che nei

pressi di Oropo si ergeva la tomba di un eroe soprannominato il Taciturno e che tutti coloro che vi passavano davanti erano soliti interrompere la conversazione nel timore di disturbare le sue meditazioni.

Alcune tombe, infine, venivano collocate all'interno degli edifici pubblici, proprio per consentire all'eroe scomparso di partecipare alla gestione della cosa pubblica e Pausania racconta uno di questi casi, per la precisione quello di Megara dove ci sono tombe in pieno centro. Un giorno Esimno, guerriero che prese parte alla Guerra di Troia, si recò all'Oracolo di Delfi e chiese in che modo il suo popolo avesse potuto conoscere un maggiore benessere, e l'Oracolo gli rispose che ciò sarebbe accaduto solo se i Megaresi avessero preso le decisioni insieme ai più.

Ebbene Esimno, ritenendo che questi cosiddetti più fossero gli eroi, fece costruire il bouleuterion (edificio che ospitava il Consiglio delle città-stato greche) in modo che includesse anche le tombe di costoro.

Le tombe in pieno centro non costituivano un elemento così

insolito: ad esempio gli Spartani, le

sistemavano quasi sempre nei luoghi più frequentati e spesso anche con il cadavere in vista, per abituare la cittadinanza, specie i bambini, all'idea della morte.

C'erano poi anche le tombe vuote: spesso, infatti, l'eroe era andato a morire lontano dalla terra natia, durante un'impresa memorabile.

In questo caso, la città di origine non rinunciava al privilegio di erigergli una tomba anche in patria.

Si spiegano così le doppie tombe di Achille, di Iolao, di Cimone, di Taltibio, di Pandione e di tanti altri, per non parlare poi delle triple e quadruple tombe di quegli eroi i cui natali venivano rivendicati da più di un villaggio.

Un Eroe non moriva mai del tutto: quanto meno rimediava un posto tra gli Dei e non a caso in molte pitture vascolari lo vediamo raffigurato con la classica aureola dietro la testa.

Lui, d'altra parte, anche da vivo, aveva sempre fatto di tutto per accreditare la voce di essere diventato un semidio.

All'eroe quindi, importava soltanto di primeggiare in battaglia, tutto il resto non aveva alcun valore.

La lealtà, l'onore, il rispetto dei patti, erano tutti palliativi, ma restavano solo parole: non esisteva principio morale che potesse tenere quando si trovava di fronte a un nemico armato.

A differenza dell'eroe medioevale, quello greco è un manipolatore della peggiore leva e, in certi casi, anche un traditore; ad esempio Odisseo, pur di vendicarsi del commilitone Palamede, lo accusa di doppiogiochismo con il nemico e poi, per meglio incastrarlo, gli nasconde sotto il letto un gruzzolo di monete d'oro.

Diomede uccide Dolone dopo avergli promessa salva la vita in cambio di alcune informazioni sulle forze nemiche; Peleo centra con il disco la testa del fratello Foco solo perché questi aveva osato batterlo in una gara di atletica; Eracle scaraventa a tradimento il povero Ifito giù dalle mura…

Questo senza avere ancora menzionato le ingiurie che in genere gli Eroi si scambiavano l'un l'altro quando litigavano, in un tripudio di imprecazioni e di insulti che, alla loro epoca, dovevano essere da massima censura, come ne da un esempio Achille quando inveisce contro Agamennone nel Primo Libro dell'Iliade.

A ben vedere, l'Eroe greco è un miscuglio di vizi e

virtù in dosi pressoché identiche; di certo non manca di ccoraggi ma nello stesso tempo ignora del tutto la pietas: è invidioso, arrogante e senza scrupoli.

Ciò che eccita l'Eroe sopra ogni cosa è il combattimento: per lui, chiunque è in primo luogo un rivale, come nel caso dei gemelli Preto e Acrisio, che cominciarono a litigare fra loro già nel ventre della madre.

Con le donne, non è che l'integrità dei cosiddetti Eroi migliori di molto: Teseo pianta in asso Arianna su un'isola deserta, Giasone liquida prima Ipsipile e poi Medea, Enea lascia la povera Didone in un mare di lacrime, Paride molla la ninfa Enone per

correre all'appuntamento con Era, Atena e Afrodite.

La vigoria fisica dell'Eroe doveva essere riservata alle fatiche di guerra al massimo alle gare di atletica e di pugilato ma mai, assolutamente, al lavoro dei campi o all'artigianato poiché erano occupazioni di esclusiva pertinenza degli schiavi.

Qualsiasi persona si fosse fatta sorprendere con una vanga tra le mani, o con un'ascia a spaccare legna, avrebbe perso credito presso la comunità, quindi l'Eroe greco si guadagnava da vivere combattendo.

Un mestiere, quello dell'Eroe, che era assai rischioso rispetto a tutti gli altri e difficile da praticare, che però aveva anche i suoi bravi vantaggi, specie la venerazione dei posteri ed il bottino di guerra.

Questa visione del mondo trova nell'Iliade la sua perfetta rappresentazione; furono infatti proprio gli eroi omerici con le loro sbruffonate, ma anche con l'eccezionalità delle loro imprese, a dettare i modelli di comportamento per le generazioni future: i più amati dalla gioventù furono Achille, Ettore, Ulisse, Enea, Diomede, Idomeneo, Menelao, Patroclo, Agamennone, Paride e i due Aiace.

Le gesta degli Achei e dei Troiani non smisero e non smettono mai di entusiasmare i posteri, ma ad avere importante rilevanza sono anche i racconti mitologici con protagonisti gli Eroi appartenenti alla generazione precedente di quelli omerici.

Gli Argonauti

Agli inizi del XII Secolo avanti Cristo, ci fu un colpo di stato in cui Esone, Re di Iolco, venne spodestato dal fratellastro Pelia e messo a marcirein una cella sotterranea ed anche con gli altri maschi di famiglia l'usurpatore non volle correre rischi e li fece sopprimere tutti nel sonno.

L'unico a salvarsi fu Giasone, l'ultimo dei figli delre deposto.

Sua madre Alcimeda sparse la voce che era nato morto e, opportunamente circondata da una fitta schiera di ancelle, lo pianse a lungo; in seguito, conla scusa di doverlo seppellire fuori le mura, uscì dalla reggia ed affidò il neonato alle cure del centauro Chirone, già precettore di Asclepio e futuro maestro d'armi di Achille e di Enea.

L'usurpatore Pelia, però, interrogò a lungo e l'Oracolo di Delfi e questo gli rispose di riguardarsidall'uomo con un solo sandalo.

A quei tempi, se c'era qualcosa alla quale non si poteva sfuggire erano le profezie degli oracoli ed infatti, una volta raggiunta la maggiore età, Giasone s'incamminò verso Iolco con lo scopo difarsi restituire il trono paterno.

Tra i vari incontri fatti per strada, il giovane s'imbatté in una strana vecchietta che desiderava essere aiutata ad attraversare un fiume e Giasone non se lo fece chiedere due volte: se la caricò sulle spalle e la depositò sana e salva sull'altra riva.

La vecchia non era affatto una comune mortale, ma nientemeno che Era, moglie di Zeus, che da quel momento prese Giasone sotto la sua protezione.

A metà fiume però, a causa della forte corrente, Giasone perse un sandalo. E difatti Pelia, come racconta Apollonio Rodio nelle sue Argonautiche, non appena lo vide si rese conto del pericolo, e immaginò per lui un duro e lunghissimo viaggio sperando che, a causa del mare e delle genti straniere, non trovasse più la via del ritorno.

Per indurre Giasone a partire, Pelia fu costretto a blandire il giovane con moltissime storie: gli confidò di essere tormentato dal fantasma di un certo Frisso, a causa di una pelliccia di ariete dimenticata da costui in un bosco della lontana Colchide.

Infatti, pare che questo Frisso e la sorella Elle, per sfuggire al padre Atamante che aveva deciso di sacrificarli entrambi agli Dei, si fossero messi in groppa ad un ariete tutto d'oro, per poi decollare

alla volta del Ponto Eusino.

La povera Elle, cadde quasi subito nelle acque del Mar di Marmara, che da quel giorno venne chiamato Ellesponto.

Frisso, invece, riuscì ad atterrare nella Colchide (odierna Georgia) e qui, dopo una serie di peripezie, appese la pelle dell'ariete a un albero, in un bosco dedicato ad Ares.

Pelia, prima di restituire il trono al nipote, gli chiese di andare a recuperare quella pelle di ariete.

La pelliccia era il famosissimo Vello d'oro, reliquia preziosissima e custodita, oltretutto, da un drago insonne che con il suo alito pesante uccideva chiunque gli si avvicinasse.

A Pelia non importava assolutamente nulla del Vello d'oro, egli sperava solo che qualcuno uccidesse Giasone, che gli insidiava il trono.

Ebbene, per andare nella Colchide bisognava attraversare da un capo all'altro il Ponto Eusino (odierno Mar Nero), ovvero un mare circondato da terre fin troppo note per la ferocia degli abitanti, tanto che Diodoro li descrive come popoli barbari e selvaggi.

Giasone accettò la sfida perché era un eroe e amava

il pericolo. Essendosi accorto che Perseo e altri eroi del passato avevano ottenuto grande fama compiendo imprese ardimentose, e molte al di fuori dei confini della patria, volle emulare le loro scelte di vita.

Come prima cosa, il legittimo erede al trono di Iolco ingaggiò un bravissimo carpentiere di Pagase, tale Argo di Tespi, affinché gli costruisse una nave sufficientemente robusta da affrontare le tempeste del Ponto Eusino, quindi pretese che tutto il legname necessario provenisse dal monte Pelio.

E costruì una nave che chiamò Argo e che era, per la grandezza dello scafo e per la maestosità dell'alberatura, superava di molto le imbarcazioni di quei tempi, tanto che coloro che la videro per primi ne restarono abbagliati.

Secondo Callimaco, questa nave aveva anche il dono della parola, ma tolto questo, poiché la fama dell'impresa raggiunse tutti gli angoli della terra, non pochi giovani della migliore nobiltà chiesero diprendere parte alla spedizione.

Giasone trasse la nave in acqua, la ornò

splendidamente di tutto quanto fosse adatto a provocare sbalordimento e scelse solo i prodi più illustri degli aspiranti alla missione.

Riguardo i singoli Argonauti, ogni città greca pretese di aver dato i natali ad almeno uno degli eroi e tutto finì con il far lievitare il numero dei partecipanti oltre i limiti della credibilità, tanto che Apollonio Rodio ne stilò una lista in ordine alfabetico:

Acasto, figlio di Pelia, quindi cugino di Giasone; padre di Laodamia e suocero di Protesilao.

Admeto, figlio di Ferete, re di Fere, futuro marito di Alcesti; ebbe da Apollo la facoltà di non morire apatto che trovasse qualcuno disposto a sostituirlo.

Anceo il Piccolo, figlio di Licurgo, viticultore.

Anceo il Grande, figlio di Poseidone, cugino delprecedente.

Anfimadante l'Arcade, figlio di Aleo, fratello diCefeo.

Anfione, figlio di Iperasio, praticamente unosconosciuto.

Areo: di lui si sa solo che era un figlio di Biante, per il resto l'unico a citarlo è Apollonio Rodio.

Argo di Tespi, costruttore della nave omonima. Asterio, figlio di Iperasio, fratello di Anfione.

Asterione, figlio di Comete: di lui non sappiamo nulla tranne che viveva nei pressi del fiume Apidano.

Augia, figlio umano di Forbante (e divino di Poseidone), re dell'Elide, proprietario delle famose stalle in seguito ripulite da Eracle.

Bute, figlio di Teleonte, noto come Bute l'Argonauta: di lui si mormora che avesse una storia d'amore con Afrodite.

Calaide (o Calai), figlio di Borea: come suo fratello Zete pare che avesse le ali, non si sa bene se ai piedi o dietro la schiena.

Canto l'Eubeo, figlio di Caneto, del tutto sconosciuto.

Castore, figlio di Zeus e di Leda, fratello di Elena e di Clitennestra: insieme a Polluce formava la coppia dei Dioscuri; dei due, solo Polluce era immortale.

Cefeo figlio di Aleo, re di Tegea.

Clizio, figlio di Eurito, eccezionale arciere.

Corono, Lapita: dovrebbe essere il figlio di Ceneo, nel senso che fu partorito da lui, anzi da lei, quando era ancora donna.

Echione, figlio di Ermes.

Eracle, figlio di Zeus e di Alcmena: l'uomo più forte del mondo.

Ergino, figlio di Poseidone, velocissimo nella corsa: pur essendo giovane, aveva tutti i capelli bianchi.

Eribote, figlio di Iro: il suo nome compare solo nelle liste di Apollonio Rodio; per il resto non se ne sa nulla.

Erito, anch'egli figlio di Ermes e, come il gemello Echione, messaggero.

Etalide, terzo figlio di Ermes, come gli altri messaggero.

Eufemo, figlio di Poseidone: aveva ricevuto dal padre il dono di camminare sulle acque.

Euridamante il Dolope, figlio di Ctimeno, praticamente sconosciuto.

Eurizione, figlio di Teleonte, re di Ftia e padre

dell'Antigone che sposò Peleo: morì per un incidente di caccia.

Falero, figlio di Alcone, bravissimo arciere: dette il nome al porto di Atene.

Fliante, figlio di Dioniso, re di Aretira.

Giasone, figlio di Esone, capo assoluto dell'impresa.

Ida, figlio di Afareo, il più coraggioso degli uomini: insieme a suo fratello Linceo osò sfidare i gemelli Castore e Polluce, ed ebbe la peggio.

Idmone, figlio umano di Abante e divino di Apollo; abile indovino (Idmone vuol dire, per l'appunto, "veggente").

Ificlo, figlio di Testio, zio di Meleagro, abile lanciatore di giavellotto.

Ificlo, zio di Giasone da parte di madre: era così veloce che, quando correva su un campo di grano, non piegava nemmeno le spighe.

Ifito, figlio di Eurito, fratello di Clizio: regalò a Ulisse l'arco con il quale, poi, quest'ultimo uccise iProci.

Ifito, figlio di Naubolo, omonimo del precedente, principe della Focide: di lui si sa solo che un giornoospitò Giasone nel suo regno.

Ila il Driope, figlio di Tiodamante: giovane bellissimo, scudiero e amico del cuore di Eracle.

Laocoonte, figlio di Portaone, precettore di Meleagro: da non confondere con Laocoonte di Troia, quello che morì con i figli tra le spire di unmostro marino.

Leodoco, pressoché sconosciuto. Linceo, figlio di Afareo, fratello di Ida.

Meleagro, figlio di Eneo, re di Calidone: s'innamorò di Atalanta e la difese dalle aggressionimaschilistiche degli altri eroi.

Menezio, figlio di Attore il re di Oponte: noto peressere il padre di Patroclo.

Mopso Titaresio, figlio di Ampice, indovino.

Nauplio l'Argivo, figlio di Poseidone: famoso navigatore, padre di Palamede.

Oileo, figlio di Odedoco, padre di Aiace il Piccolo, re della Locride.

Orfeo, figlio di Apollo, poeta e musicista: scese nell'Oltretomba per riprendersi Euridice, il suo grande amore.

Palemonio, figlio umano di Lerno e divino di

Efesto: storpio, come il padre, da entrambi i piedi.

Peleo il Mirmidone, figlio di Eaco: violentò Teti generando Achille.

Periclimeno di Pilo, figlio di Neleo: ebbe da suo nonno Poseidone il dono di potersi mutare in qualsiasi animale. Morì trafitto da una freccia, mentre faceva l'aquila.

Polifemo l'Arcade, figlio di Elato: da non confondere con il ciclope accecato da Ulisse.

Polluce, figlio di Zeus, abilissimo pugilatore: con il fratello gemello Castore formava la coppia dei due Dioscuri; a differenza di Castore, però, era immortale.

Taleo, figlio di Biante, fratello di Areo e padre di Adrasto futuro re di Tebe.

Telamone, figlio di Eaco, re di Salamina, padre di Aiace il Grande e di Teucro.

Tifi il Pilota, figlio di Agnia: considerato il più grande conoscitore di mari del mondo antico.

Zete, figlio di Borea, fratello alato di Calaide.

Il totale è di cinquantacinque eroi.

A costoro si potrebbero aggiungere Anfiarao, Ascalafo, Attore, Echione, Eurialo, Fano, Laerte, Peante e Peneleo, tutti citati in liste altrettanto attendibili come quella di Apollodoro d'Atene, Valerio Flacco e Igino.

La spedizione degli Argonauti fu curata da Pelia in persona, che, nella realtà dei fatti, non vedeva l'ora che Giasone si dileguasse. Fin dalla sera prima c'era stato un continuo andirivieni di carri che avevano trasportato armi, viveri e anfore colme d'acqua dalla città di Iolco alla spiaggia di Pagase.

Durante la notte il divino Orfeo aveva cantato l'origine dell'Universo, dalla nascita di Eurinome fino alla vittoria definitiva di Zeus sui Titani ribelli.

Nel frattempo, a poppa della nave, Giasone aveva sacrificato un toro adorno di cerulee bende in onore di Apollo Embasios, il Dio degli imbarchi.

Infine gli eroi giunsero alla spicciolata, ognuno per conto proprio, circondati da uno stuolo di parenti, di mogli e di amici.

Fu Tifi il timoniere a dare il segnale agli schiavi ed Argo scivolò sicura sui tronchi rotolanti e per immergersi docile nelle acque limpide della baia di

Pagase.

Sulla sua prua si ergeva, superba, una statua di Atena in cui la Dea era raffigurata con i capelli lunghi, ondulati e lo sguardo fisso di chi è deciso aperseguire la vittoria, costi quel che costi.

Gli eroi imbracciarono i remi come un sol uomo sui banchi, accompagnati nello sforzo dalle urla d'incoraggiamento di coloro che erano rimasti aterra.

La bonaccia, però, non durò a lungo: la nave aveva appena superato il capo Artemisio quando esplose una violenta tempesta e, nel giro di poche ore, l'equipaggio si trovò in balia dei marosi e senza alcun riferimento terrestre sul quale orientarsi.

Infatti a quei tempi non si conoscevano strumenti come il sestante e quindi, una volta perso il contatto con la costa, non restavano che le stelle perorientare i naviganti.

La nave Argo, vagò nell'Egeo per due settimane, senza che i suoi ospiti avessero la minima idea didove si trovassero.

Inoltre c'era anche il problema delle scorte, in quanto viveri e acqua erano terminati e s'imponeva uno sbarco tecnico di riapprovvigionamento.

Il morale della ciurma era abbattutissimo: Orfeo non cantava più, Meleagro remava in silenzio, proprio lui di solito così ciarliero, quando apparveall'orizzonte il profilo di un'isola che si rivelò essere Lemno, la terra cara a Efesto.

L'anno prima, le donne di Lemno avevano dichiarato in pubblico, e senza mezze misure, che aloro di fare l'amore con gli uomini non importava proprio un bel nulla.

Afrodite, inferocita, maledisse le donne dicendo che se davvero non importava loro niente del sesso, non sarebbe importato loro neppure di essere attraenti.

Dopodiché, Apollodoro racconta che la dea cacciò in corpo alle donne di Lemno una cosa che spandeva intorno un orrendo fetore.

Così i Lemni, non riuscendo più a sopportare la vicinanza delle proprie consorti, le richiusero in un recinto sufficientemente lontano dal centro abitato e si recarono in Tracia a procurarsi altre compagne più giovani, più belle e soprattutto meno impegnative per l'olfatto.

Le donne di Lemno reagirono subito all'affronto:

prese da furore amazzonico, ruppero le sbarre del recinto e, in una sola notte, sterminarono tutti i loro uomini nel sonno, incluse le ragazze tracie che i loro scellerati maschi erano andati a prendersi.

L'unica eccezione è costituita dalla regina Ipsipile che, impietositasi, salvò la vita al proprio padre Toante, spingendolo in mare in una cassa di legno priva di remi.

Il vecchio Toante, si salvò grazie anche all'intervento di alcuni pescatori che passavano da quelle parti, e fu l'unico maschio di Lemno a sopravvivere.

Apollonio Rodio racconta che da quel momento in poi, per le donne di Lemno sembrò molto più bello e piacevole allevare il bestiame, indossare le armi di bronzo, e lavorare i campi di grano, anche se spesso guardavano con angoscia la vasta distesa del mare e si aspettavano che sarebbero giunti i Traci a vendicarsi da un momento all'altro.

Cosicché, non appena videro Argo avvicinarsi aremi, vestirono le armi e si riversarono sulla spiaggia.

In mezzo a loro, Ipsipile portava le armi del padre.

Prudentemente, gli Argonauti mandarono Etalide, figlio di Ermes, a trattare.

Il messaggero scese a terra tenendo bene in vista il caduceo, ovvero una sorta di bandiera bianca, che mostrava intenzioni di non belligeranza da parte del portatore, chiedendo soltanto viveri ed acqua.

Le donne stavano per accontentarlo quando Polisso, la vecchia nutrice di Ipsipile, incitò il resto delle donne ad accoppiarsi con gli Argonauti per assicurarsi non solo una discendenza, ma anche

una nuova generazione che le avesse assistite durante l'anzianità.

Ottenuto il consenso, la vecchia propose agli Argonauti uno scambio in natura che consisteva ingravidanze in cambio di scorte di viveri.

Ad eccezione di Atalanta che era una donna e di Eracle che proprio non sopportava i cattivi odori, tutti gli Argonauti si accoppiarono con le donne di Lemno procreando in tal modo numerosi figli.

Ipsipile ovviamente si invaghì di Giasone, per poi partorire nove mesi più tardi due gemelli bellissimi, uno dei quali fu chiamato Eveno e l'altro Toante, in ricordo del nonno materno.

Trascorse le due settimane gli Argonauti, che ormai si erano abituati al cattivo odore delle donne e gozzovigliavano beatamente, non ebbero più voglia di riprendere la navigazione. In verità neppure Giasone spronava più di tanto i suoi compagni di viaggio, giacchè che in Ipsipile aveva trovato una donna bellissima e innamorata.

A fare tornare il senno agli Argonauti provvide Eracle che, una notte, scese a terra e li strappò a uno a uno dai letti dove giacevano abbracciati alleloro nuove amanti, con l'aiuto di Atalanta.

Ipsipile, a detta di Ovidio, dopo alcuni anni scrisse a Giasone una lettera piena di maledizioni e di frasid'amore.

Partiti da Lemno, gli Argonauti giunsero presso la Propontide, ovvero il Mar di Marmara, anticamera del Ponto Eusino che non godeva affatto di una buona fama a causa delle popolazioni ostili e delle ancora più ostili correnti che rendevano difficoltosa la navigazione.

Laomedonte, Re di Troia, custodiva l'entrata dellaPropontide con dieci imbarcazioni d'assalto e

pretendeva da chiunque un forte pedaggio.

Per impedire inutili scontri, gli eroi passarono lo stretto nottetempo, in silenzio, costeggiando le rivedel Chersoneso con una prima tappa che fecero in un'insenatura della penisola di Arto.

Quì si trovarono nel bel mezzo della festa di nozze di Cizico, il

Re dei Dolioni, sposatosi con la giovaneClita, conosciuta come Clita dai bei capelli.

Secondo Apollonio Rodio, gli Argonauti furono accolti con grida di giubilo e loro si unirono ai festeggiamenti di buon grado, quando, proprio ai brindisi finali, giunse un gruppo di Giganti animati da pessime intenzioni.

È inutile precisare che gli assalitori ebbero subito la peggio, datosi che i Giganti si aspettavano di dover combattere solo contro i Dolioni e invece si erano trovati di fronte una cinquantina di eroi, unopiù forte dell'altro.

Per i Dolioni tutto sembrava volgere a lieto fine, quando il Fato volle per forza volgere tutto in tragedia.

Prima d'imbarcarsi, gli Argonauti avevano ringraziato affettuosamente i Dolioni per l'ospitalità ricevuta e questi a loro volta, li avevano

ringraziati per averli difesi dall'attacco dei Giganti.

Dopo un solo giorno di navigazione gli eroi si trovarono al centro di una tempesta ed il timoniere Tifi, per evitare il peggio, non appena intravide una baia sufficientemente riparata vi condusse dentro Argo, senza nemmeno domandarsi dove stava approdando.

Era una notte senza luna e gli Argonauti non si resero conto di essere sbarcati di nuovo ad Arto, ma questa volta dall'altra parte della penisola e

quindi, nel vedersi attaccati da un gruppo di ombre, furono

costretti a ucciderle tutte.

Solo all'alba riconobbero l'errore irreparabile nell'accorgersi di avere ucciso Cizico, figlio di Eneo, riverso nel sangue e nella polvere.

Una angoscia tremenda li prese.

Clita per il dispiacere si tolse la vita impiccandosi e le Ninfe dei boschi la piansero così a lungo che dalle loro lacrime uscì fuori una sorgente che ancora oggi porta il suo nome.

Seppellito Cizico, anche per risollevare gli animi,

gli Argonauti indissero una gara di remo, una sfida a chi era capace di vogare più a lungo.

Tutti si incurvarono sui banchi, a eccezione di Orfeo che pensò bene di defilarsi con la scusa di dover alleviare con il canto la fatica dei concorrenti.

Dopo tre ore restarono in quattro: Castore, Polluce, Eracle e Giasone.

Il primo ad arrendersi fu Castore, subito dopo imitato dal fratello. Per ancora un po' di tempo, invece, continuarono a battersi Giasone ed Eraclefinché il primo non svenne di botto.

Madidi di sudore, morti di sete, gli eroi decisero di fermarsi alla prima spiaggia incontrata.

Il primo a scendere fu il bellissimo Ila, l'amico del cuore di Eracle, in quanto desiderava procurare un po' di acqua fresca al vincitore.

Ebbene, trascorsero due o tre ore, ma di Ila nessuna traccia. Stanchi di aspettare, gli Argonauti si misero a cercarlo ed Eracle, in particolare, era agitatissimo.

La ricerca continuò finché uno degli Argonauti, Polifemo, non ritrovò sulle rive del Lago di Pege l'anfora di bronzo appartenente ad Ila,

abbandonata.

Racconta Teocrito che Ila trovò uno specchio d'acqua in un prato ed in mezzo ad esso vide danzare le Ninfe Eunice, Malis e Nichea.

Il fanciullo fece per accostare la bocca del vaso all'acqua, quando le Ninfe gli afferrarono le braccia, giacché erano del tutto invaghite del giovane.

Lo trascinarono in fondo al lago.

Nel frattempo Eracle, con l'aiuto di Polifemo, continuava a cercare il giovane amico, senza successo.

A questo punto Giasone, stanco di attendere oltre e forse anche desideroso di vendicarsi per la sconfitta subita nella gara del remo, decise di lasciare Eracle ed Ila al loro destino e riprese la navigazione.

La tappa successiva fu la terra dei Bebrici, sulle rive del Mar di Marmara.

In quella zona regnava uno stranissimo

personaggio chiamato Amico che, al contrario di quanto suggerisce il nome, non era amico proprio di nessuno ed anzi imponeva di battersi con lui a chiunque metteva piede nel suo regno, pena la morte.

Secondo Apollonio Rodio, questo strano Amico era il più arrogante degli umani e lo era al punto che aveva fissato una legge indegna secondo cui nessun ospite poteva allontanarsi dalla sua isola, senza aver prima superato una dura prova di pugilato contro di lui, e fu in tal modo che uccise molti nemici.

Con gli Argonauti, però, trovò pane per i suoi denti.

Il bellicoso tiranno disse senza tanti preamboli agli Argonauti che, se avessero voluto essere riforniti di acqua e di cibo, uno dei loro avrebbe dovuto battersi in un incontro di pugilato.

Eracle non c'era, ma Polluce aveva già vinto una gara del genere ai Giochi Olimpici e fu ritenuto il più idoneo ad affrontare l'energumeno.

A detta del mitologo Graves, il Re di Bebrico aveva le braccia così pelose da sembrare scogli coperti di muschio, mentre i suoi guantoni erano irti di punte di bronzo.

L'incontro fu quanto di più cruento si possa immaginare.

Con ogni probabilità quello di Amico e di Polluce fu il primo vero incontro nella storia del pugilato.

Apollonio Rodio, nel tramandarcene il racconto, riferisce perfino del riposo tra prima e seconda ripresa.

Come si può immaginare, fu Amico ad avere la peggio perché Polluce, dopo aver schivato tutti i suoi colpi, lo colpì con un diretto giusto in mezzoalla fronte e lo uccise.

I Bebrici non accettarono il verdetto con molta serenità e quindi gli eroi, se non altro per difendersi, furono costretti a farne fuori almeno dieci prima di riguadagnare rocambolescamente ilmare-

Lasciata la terra dei Bebrici, gli eroi fecero tappa nella Tracia orientale, in cui il Re Fineo navigava incattive acque.

Secondo la versione più nota, Fineo era

perseguitato dagli Dei per aver praticato l'arte dellaprofezia con troppa precisione;

in altre parole, quando doveva mettere sull'avviso qualcuno, Fineo diceva anche il giorno e l'ora dellacalamità che minacciava di avverarsi, oltre al nomee al cognome del nemico da cui ci si doveva riguardare.

Irritati da questo profetare così dettagliato, gli Dei come prima cosa lo accecarono, quindi lo condannarono alla vecchiaia prolungata e alla famecontinua.

A verificare che non mangiasse mai a sufficienza furono incaricate le Arpie: Aellopoda e Ocipeta.

Questi due uccellacci dal volto di donna, infatti, non solo gli strappavano di mano il cibo, ma se decidevano di lasciargli qualcosa, glielo insozzavano in modo tale da rendere immangiabile qualsiasi cibo, anche il più prelibato.

Secondo Apollodoro, quando vedevano preparata la mensa di Fineo, andavano a portargli via la maggior parte delle vivande; e le poche rimaste le sporcavano in maniera tale, che il povero Fineo non poteva più mangiarne alcuna.

Non appena Fineo sentì le grida degli Argonauti provenire dalla spiaggia, si alzò tremante per andarloro incontro.

Il suo aspetto doveva essere orribile: in pratica era uno scheletro ambulante e aveva una crosta di sterco che gli copriva tutto il corpo, dalla testa ai piedi.

In quanto indovino, però, era a conoscenza dell'arrivo degli eroi e anche del fatto che lo avrebbero liberato, una volta per tutte, dai tormenti che lo affliggevano.

Li accolse invocando subito il loro aiuto.

Giasone non si fece certo sfuggire l'occasione che gli consentiva di sfruttare le doti profetiche di Fineo. Gli promise subito l'aiuto richiesto, a patto però che lui gli consegnasse l'elenco dettagliato di tutti i guai che gli Argonauti avrebbero avuto lungo il percorso che li separava dalla Colchide.

Appena siglato il patto, Fineo si fece portare i cibi più appetitosi, quando ecco sopraggiungere le Arpie.

I due mostri avevano appena finito di straziare la mensa, quando si levarono in volo due degli Argonauti provvisti di ali: erano i figli di Borea, Zete e Calaide.

I due inseguirono le bestie insozzatrici fino alle Isole Strofadi e stavano per sgozzarle quando, per intercessione della Dea Iride, risparmiarono loro lavita a condizione che non infastidissero mai più Fineo.

Questo mito ha però anche un'altra versione.

A detta di Diodoro Siculo, Fineo non era affatto perseguitato dalle Arpie, bensì dalla sua seconda moglie Idea, una donna scita di pessimo carattere.

La perfida, un po' con la scusa delle Arpie, un po' approfittando della sua cecità, tormentava Fineo dalla mattina alla sera e non contenta di fargli soffrire la fame, essendo anche gelosa dei figli di primo letto, li accusò entrambi di tentata violenza, per farli così imprigionare nei sotterranei della reggia.

In questa seconda versione gli Argonauti uccidonoIdea, liberano i figli, e vengono colmati di doni da Fineo.

Stando alle descrizioni di Pindaro nella sua Pitica, dove oggi c'è la periferia di Istanbul una volta incombevano le rocce Simplegadi (anche dette Cianee), ovvero due enormi faraglioni ai due lati dell'entrata del Ponto Eusino, che si serravano come una tagliola, ogni volta che una nave cercavadi passarvici in mezzo.

Erano due le rocce, fornite di vita, che si muovevano, rotolando, con impeto maggiore d'unaschiera di venti ululanti.

Fineo, però, aveva previsto il pericolo e suggeritonel contempo il modo di evitarlo: disse agli Argonauti di fare dapprima la prova con una colomba che li avesse preceduti nello stretto.

Se la colomba avesse passato le rupi e fosse arrivata sana e salva al Ponto, gli Argonauti non avrebbero più dovuto trattenere il cammino.

Se invece, volando tra le rocce, la colomba sarebbe morta, tutti sarebbero dovuti tornate indietro, giacché non sarebbero sfuggiti alla morte nemmeno se Argo fosse stata di ferro.

Così fece Giasone: quando vide le terribili rocce cominciare a serrarsi, lanciò in avanscoperta una candida colomba.

L'uccello volò velocissimo, e le Simplegadi, chiudendosi con frastuono, riuscirono appena a sfiorargli la coda.

Quando poi le rocce si riaprirono, gli eroi si catapultarono nello stretto vogando a tutta forza, sempre incoraggiati da Orfeo che, nel corso di questa azione, non smise mai di cantare.

La nave Argo ci rimise solo alcune decorazioni di poppa e, a detta di Pindaro, il passaggio dei semidei pose termine per sempre al micidiale movimento delle due rocce.

Costeggiando la sponda meridionale del Mar Nero, oppure Ponto Eusino che dir si voglia, gli Argonauti si fermarono più volte e venendo a contatto con molte popolazioni, una più stramba dell'altra, e correndo i pericoli a cui avevano diritto in quanto eroi.

Volendo citare le stramberie dei popoli più strani che gli Argonauti incontrarono, si può porre l'attenzione su come presso i Tibareni erano i mariti a mettersi a letto e a urlare quando le donne partorivano, come se fossero loro ad accusare le doglie del parto;

quanto ai Mossinichi, sembra che avessero abitudini capovolte rispetto a quelle della

società convenzionale: quello che altri fanno in pubblico, loro lo facevano in privato, e quello che altri fanno in privato, loro lo facevano in pubblico,compreso il sesso.

Una delle avventure più singolari a cui andarono incontro gli Argonauti fu quella degli uccelli di Ares.

Tutto accadde in un'isola, cara per l'appunto al Dio della Guerra, dove uno stormo li attaccò in picchiata lanciando a migliaia micidiali penne dibronzo.

Gli Argonauti non se ne preoccuparono più di tanto, giacché, grazie ai suggerimenti avuti da Fineo, si erano divisi in due gruppi: una metà remava e l'altra metà proteggeva la prima con gliscudi.

Dopo aver superato scogliere a scatto, re pugilatori e uccelli lanciamissili, eccoli in vista della tanto sospirata Colchide.

Prima di scendere a terra, Giasone chiamò a raccolta i suoi e disse loro di essere giunti, allecorrenti del fiume Fasi.

Era giunto anche il momento che tra loro si

meditasse se avvicinare Eete con i modi cortesi oppure se costringerlo a cedere il tanto desideratoVello con mezzi più efficaci.

Quindi, seguendo il suggerimento di Fineo, fece portare Argo in un'ombrosa palude. Lì gettarono leancore e dormirono la notte.

I Greci erano convinti che tutte le sere i raggi del sole si andassero a riposare nella reggia di Eete, perpoi uscirne il mattino dopo più lucenti che mai.

Per loro la Colchide rappresentava l'Oriente, ossia il luogo dal quale si vedeva sorgere l'alba e lo stesso Eete veniva ritenuto un figlio di Elio.

Quando Frisso giunse in volo dalla Grecia, a cavallo dell'ariete d'oro, aveva sacrificato la poverabestia a Zeus e quindi, dopo averla scuoiata bene, aveva regalato la preziosa pelliccia a Eete per convincerlo a dargli in cambio la mano di sua figlia Calciope, secondo il rituale religioso.

Il feroce signore dei Colchi aveva inoltre inchiodatoil Vello a una quercia, giusto al centro di un boschetto dedicato ad Ares e per maggiore sicurezza ci aveva messo a guardia un drago

gigantesco che non dormiva mai.

Quando gli Argonauti giunsero alla reggia di Eete, restarono senza fiato: mai avevano visto un palazzocosì bello!

Il primo approccio con il re Eete fu pessimo: Giasone si era fatto presentare da Argo, nipote delRe, e si era portato dietro Augia, che di Eete era fratellastro, nella speranza di facilitare in qualche modo la trattativa, ma non ci fu verso.

Giasone sosteneva che il Vello d'oro spettava di diritto alla gente greca perchè Frisso, per l'appunto,un cittadino della greca Iolco, ma Eete lo interruppe subito chiedendogli di allontanarsi dallasua terra.

Subito dopo, però, ebbe un ripensamento: il moderatore Argo gli aveva spiegato che alla fin fine si trattava pur sempre di figli di Dei, che nessuno aveva intenzione di minacciare il suo regno, e che, anzi, gli avrebbero dato anche un aiuto all'occorrenza, in qualche controversia con ivicini.

Allora Eete rispose che, se davvero gli Argonauti

erano figli di Dei, lui gli avrebbe dato il Vello, ma voleva una prova: due suoi tori avevano zoccoli di bronzo e spiravano fuoco dalla bocca, lui spesso liaggiogava e li conduceva nel campo di Ares.

Poi, dopo aver arato in lungo e in largo, gettava neisolchi i denti di un feroce serpente che, una volta a terra, prendevano forma di uomini armati e tutti li uccideva con la sua lancia, quando gli si avvicinavano minacciosi. Se Giasone fosse stato capace di fare lo stesso, subito avrebbe potuto prendere il Vello e tornare in patria.

Sull'Olimpo, intanto, si era formata una strana alleanza tra Dee: Era, Atena e Afrodite, solitamenterivali fra loro, stavolta erano tutte e tre intenzionatead aiutare Giasone.

In effetti, ognuna di loro aveva un'ottima ragione per farlo: Era per essere stata aiutata, a suo tempo, ad attraversare il fiume, Atena per aver costruito insieme ad Argo la nave che lo aveva portato fino alla Colchide, e Afrodite perché grazie al suo interessamento le donne di Lemno si erano riconciliate con l'amore.

Le tre Dee si resero subito conto che Giasone, da solo, non ce l'avrebbe mai fatta a superare la provae di conseguenza presero dei provvedimenti: si recarono da Eros, il divino fanciullo, e gli chiesero di colpire con una delle sue frecce fatali Medea, la figlia minore di Eete, affinché s'innamorasse perdutamente di Giasone. Eros in un primo momento non le volle nemmeno stare a sentire in quanto stava giocando ai dadi con Ganimede e nonvoleva essere distratto.

Poi, però, sua madre Afrodite gli promise una pallad'oro che era stata molti anni prima il giocattolo preferito di Zeus.

Il dono era troppo bello per poterlo rifiutare ed Eros si precipitò nella reggia di Eete e scorse Medea che, insieme a sua sorella Calciope, si era nascosta dietro una tenda di fili d'argento per scrutare di soppiatto tutti gli eroi.

Il fanciullo prese dalla faretra una freccia amorosa ela scagliò nel cuore della vergine.

Nell'animo di Medea si agitarono molti impulsid'amore.

Nei suoi occhi si fissarono le immagini che avevaappena visto: il viso di lui, l'abito che indossava, come parlava, come stava seduto e come si mosseper uscire.

Anche dopo, nel pensarci, le sembrò che simile a

lui non ci fosse alcun altro uomo; a Medea tornarono alle orecchie la sua voce e le dolci parolee tremava per lui perchè aveva paura che lo uccidessero i tori oppure lo stesso Eete.

Medea è una donna dalla duplice personalità: nel leggere la sua drammatica storia ci si chiede sempre se è lei a muovere i fili oppure se è il Fatoche di volta in volta le impone il tutto.

Amore e odio si alternano nel suo animo, suscitando, a seconda dei casi, pietà oppure esecrazione.

Occorre ricordare che Medea era una maga e nipote, a sua volta, della maga Circe che in seguito muterà in porci gli uomini di Odisseo.

La prova richiesta da Eete a Giasone era in realtà un invito al suicidio perchè i tori lanciafiamme lo avrebbero incenerito a dieci metri di distanza, prima ancora che lui avesse avuto modo di toccarli.

Medea non poteva restare indifferente a questa morte annunciata e scelse uno dei tanti unguenti miracolosi avuti in eredità dalla madre Ecate che era patrona di tutte le maghe e dette un appuntamento a Giasone fuori dalla reggia.

Non appena lui le venne incontro, bello come non mai, con l'elmo luccicante e il mantello azzurro che gli scendeva giù dalle spalle, Medea non riuscì nemmeno a spiccicare una parola. Giasone, però, capì il suo stato d'animo e la esortò a parlare.

Medea si fece coraggio e gli consegnò una strana pomata di colore rosso scuro: se lui se la fosse spalmata sul corpo, dalla testa ai piedi, nessun fuoco nè corno d'animale l'avrebbe mai potuto ferire per l'intera durata di un giorno.

Questo unguento, si dice, era stato ricavato dalla stessa Medea spremendo un fiore nato sul Caucaso dal sangue di Prometeo, il gigante condannato da Zeus a essere torturato notte e giorno da un'aquila.

Ma non basta: con la voce rotta per l'emozione, Medea ebbe cura di dargli anche qualche utile suggerimento su come ammansire e tenere lontani itori fiammeggianti.

Giasone si commosse per tanta generosità, e forse anche per la bellezza di Medea: baciò le sue mani e le giurò che se mai fosse riuscito ad arrivare sano e salvo in Grecia non l'avrebbe mai dimenticata. Poi,quasi alla fine del discorso, le propose di andare

via con lui.

Quando Eete si accorse che Giasone aveva superato indenne la prova dei tori e che non era stato ucciso nemmeno dai guerrieri spuntati dal terreno, restò senza parole.

Si chiese, a quel punto, se a rivendicare il Vello d'oro non fosse davvero un protetto dell'Olimpo.

La partita era ancora aperta: il Vello restava pur sempre un trofeo difficile da conquistare perché undrago insonne lo custodiva giorno e notte in un bosco sacro dedicato ad Ares, e come se non bastasse il mostro emanava un flusso letale che uccideva chiunque gli si fosse avvicinato.

A detta di Pindaro, poi, questo drago era digrandezza smisurata.

Medea intervenne di nuovo e dette a Giasone unliquido che, una volta spruzzato negli occhi del drago, lo avrebbe addormentato di colpo.

Anche questo liquido aveva una sua storia: a regalarlo a Medea era stata sua madre Ecate, la silenziosa Signora della Notte.

Giasone, per raggiungere gli occhi del mostro, si servì di un lunghissimo ramo di ginepro, già cosparso di liquido magico. L'eroe, non appena si accorse che il drago si era assopito, staccò dalla quercia il Vello d'oro e lo alzò in alto per mostrarloai compagni che lo avevano seguito a debita distanza.

Eete avrebbe voluto subito trucidare tutti gli Argonauti, ma ancora una volta pensò di giocarli diastuzia.

Avrebbe invitato Giasone e compagni ad un banchetto di addio e mentre loro erano intenti agozzovigliare, avrebbe fatto incendiare la nave Argo.

Afrodite, però, indusse ad Eete una gran voglia di fare l'amore con la sua ultima moglie Eurilite e questo dette modo agli Argonauti di raggiungere laspiaggia.

Con loro fuggirono anche Medea e il di leifratellino Absirto.

Argo navigava rapida sul Ponto Eusino, ma ancor più veloce filava la nave di Eete, spinta da ottantarematori colchi scelti tra i più robusti.

Il re stesso, in piedi sulla prua, con i tamburi davail ritmo di voga.

Giasone si rese subito conto che non ce l'avrebbefatta a porsi in salvo a causa del fatto che la nave degli inseguitori era troppo veloce.

Quindi, secondo Apollonio Rodio, Giasone ebbe l'idea diabolica di uccidere Absirto e di gettarlo amare. Eete, vedendo galleggiare il suo cadavere, non si sarebbe rifiutato fermarsi.

Medea, incredibilmente, acconsentì ed anzi suggerì di gettarlo a mare un pezzetto alla volta, così il padre sarebbe stato costretto a fermarsi più spesso.

La maga Circe quella notte aveva fatto un bruttissimo sogno: aveva visto le pareti della sua stanza grondare sangue, motivo per cui, quando si vide innanzi gli Argonauti, sbarcati a Eea, capì subito che doveva trattarsi di gente che si era macchiata di orrendi delitti.

Infatti Giasone e Medea si buttarono immediatamente ai suoi piedi, confessando i misfatti compiuti.

Circe era sorella di Eete, e zia di Medea e di Absirto e quindi, se fosse dipeso solo da lei, avrebbe punito gli assassini nel modo più feroce che fosse riuscita a trovare ma, date le circostanze, si lasciò indurre a concedere il perdono.

Non prima, però, di averli stramaledetti come meritavano. In particolare inveì contro Medea.

Il viaggio di ritorno ad ogni modo si rivelò non meno faticoso dell'andata; anche in questa fase, ci furono perdite umane e cataclismi più o meno naturali.

Dopo la visita a Circe gli Argonauti sbarcarono a Corcira, nel regno di Alcinoo.

Qui Medea chiese protezione alla regina Areta, la moglie di Alcinoo, e la cosa si rivelò essere una scelta oculata, giacché verso sera giunse una nave di Eete che pretese l'estradizione immediata dei due amanti.

Areta tenne sveglio per tutta la notte il marito, raccontandogli le varie malvagità commesse, nei secoli, dai padri a danno delle figlie e dopo una notte passata insonne ad ascoltare storie raccapriccianti, Alcinoo si guardò bene dal

restituire Medea a suo padre e se la cavò dicendo che, se Medea era vergine, sarebbe dovuta tornare in patria, se non lo era occorreva costringere Giasone a sposarla subito.

Areta avvisò immediatamente Medea e, prima ancora che i medici di Alcinoo potessero verificare, i due amanti avevano già provveduto a perfezionare la loro unione.

Gli Argonauti, una volta nell'Egeo furono sballottati in lungo e in largo per tutto il Mediterraneo.

Una tempesta più delle altre, però, li fece soffrire in quanto ci fu un'onda così alta che Argo fu sollevata di peso e deposta in pieno deserto libico.

Gli eroi stavano quasi per morire di sete, quando Giasone li convinse a spingere la nave su dei rulli fino al mare. In questa avventura perse la vita l'indovino Mopso perché fu morso da un serpente e morì nel giro di pochi secondi.

Secondo Apollodoro, in questo gran girovagare gli Argonauti finirono con il passare anche accanto alla famigerata isola delle Sirene ed il passaggio non ebbe alcuna conseguenza negativa, anche perché Orfeo cantò in opposto un suo meraviglioso canto e impedì agli eroi di concentrarsi sul canto

delle sirene.

C'è chi dice che per la vergogna di essere state battute molte Sirene si suicidarono.

L'unico degli Argonauti a farsi ammaliare dal canto delle Sirene fu Bute che, affascinato dai canti ammaliatori, si tuffò a mare urlando come un ossesso.

A salvarlo ci pensò Afrodite, che lo portò in cima a una montagna per poterci fare l'amore con comodo, senza essere vista dal marito.

Tra le tante altre avventure, va ricordata anche quella di Talo, il gigante di bronzo. Questa specie di robot dell'epoca micenea era stato costruito da Efesto con il preciso compito di difendere l'isola diCreta dalle incursioni dei ferocissimi pirati.

Dotato di un'unica vena, dal collo fino al tallone, Talo era programmato per fare, ogni notte, tre volte il giro dell'isola, e lanciare macigni giganteschi su qualsiasi nave vedesse avvicinarsi alla costa.

Secondo Apollonio Rodio, gli Argonauti, intimoriti da una presenza così incombente, stavano quasi per rinunciare allo sbarco, quando Medea disse loro di poter uccidere da sola quel mostro di metallo, anche se il suo corpo è di bronzo, purché

non avesse avuto una vita infinita

Poi, una volta a distanza di sicurezza, cominciò achiamare Talo.

Il gigante smise di correre e si fermò sulla riva, perplesso, ma anche affascinato dalla dolcezzadella voce.

Al nuovo richiamo, l'uomo di bronzo cercò di penetrare il buio con lo sguardo: non vedeva assolutamente nulla, se non la vaga sagoma di unanave.

Medea riuscì a convincere Talo ad incontrarsi.

Una volta a terra, con la scusa di brindare alla nuova amicizia, Medea gli dette da bere un sonnifero e dunque, non appena si accorse che aveva preso sonno, gli sfilò il tappo dal tallone e lofece morire dissanguato.

Superata Creta, Giasone puntò deciso verso nord e con l'aiuto degli Dei riuscì finalmente a rivedere il suolo della patria.

Qui, però, si trovò subito di fronte al non semplice problema di farsi restituire il regno da Pelia.

Il giovane non si faceva molte illusioni: Pelia non era persona da cedere il potere e occorreva pertanto approfittare della presenza a Iolco dei cinquanta eroi per costringerlo a rispettare i patti.

Ciò detto, il figlio di Esone stava già per avviarsi alla testa dei suoi Argonauti, quando Medea gli si parò davanti e gli chiese di fermarsi ed affidare a lei il compito di eliminare i suoi nemici. Inoltre, chiese nel frattempo a Giasone di nascondere la nave Argo tra i canneti e di non muoversi finché non avesse visto una torcia brillare sul tetto della reggia.

Avendo saputo che Pelia era solito lamentarsi della vecchiaia incombente e che anche le figlie temevano per la sua tarda età, Medea pensò bene di proporgli una bella cura di ringiovanimento: ellasi tinse i capelli e li fece diventare bianchi, quindi sicoprì il volto di rughe in modo da sembrare una vecchia decrepita, infine si presentò alla reggia portando con sé una statua di Artemide.

Una volta giunta innanzi ai reali disse di essere stata inviata dalla Dea per comunicare a Pelia cheera stato scelto come il più devoto fra i re della Grecia e che, per ricompensarlo, Artemide aveva deciso di ridargli la giovinezza.

Ovviamente non fu creduta, né da Pelia né dalle figlie, al che lei chiese una brocca d'acqua e uno stanzino dove potersi ritirare. Dopo essersi ben bene lavata e struccata, si ripresentò nella sala deltrono più giovane e bella che mai.

Pelia e le figlie, però, avevano ancora qualche dubbio e Medea si fece portare un grande calderone d'acqua bollente e vi gettò dentro un caprone mezzo cieco e tutto spelacchiato, per poi tirarne fuori, un attimo dopo, un agnellino vispo e arzillo che si mise a correre per tutta la reggia. In pratica, aveva eseguito uno dei suoi soliti giochi di prestigio.

A questo punto le fanciulle non ebbero più esitazioni: presero il vecchio genitore e lo trascinarono di peso verso il calderone.

Ovviamente Pelia fece di tutto per non farsi buttarein pentolama non ebbe scampo.

Le figlie, sempre per il suo bene, lo gettarono di forza nell'acqua bollente ma, dopo aver atteso invano che riemergesse, cominciarono a chiamarlodisperatamente.

Medea, nel frattempo, approfittando del trambusto, era salita sul tetto per trasmettere il segnale a Giasone, e difatti di lì a poco ecco apparire gli

Argonauti.

Eliminato Pelia, sembrava che tutto fosse finito: Giasone e Medea si erano impadroniti di Iolco, erano diventati marito e moglie e avevano avuto anche due figli, se non tre, o addirittura quattordici come affermano alcuni.

Dopo qualche anno, la città di Iolco cominciò ad andare stretta a Giasone perchè il paese era piccolo e le risorse modeste, tanto valeva cederla ad Acasto, il figlio di Pelia, che oltretutto gli era stato anche vicino durante l'impresa del Vello d'oro.

Molto meglio, invece, Corinto, la città più ricca di tutta la Grecia. Per conquistarla, sarebbe bastato ottenere da Creonte, il re della Corinzia, la mano disua figlia Glauce.

Ma Giasone non sapeva come convincere Medea afarsi da parte ed è con questa problematica che ha inizio la famosa tragedia di Euripide, intitolata perl'appunto Medea.

La triste storia di Orfeo ed Euridice

Orfeo è il più illustre cantore di cui si abbia notizianella storia dell'umanità.

Figlio di Apollo, il Dio della Musica, e di Calliope, la Musa del Canto, quando Orfeo suonava intorno a lui accadevano cose incredibili.

Ad esempio, gli uccelli si fermavano in aria immobili, fino a creargli intorno alla testa una sorta di aureola, i pesci affioravano dalle acque e sporgevano il capo per meglio sentire i suoi versi, gli alberi cercavano di avvicinarsi, compatibilmente alla lunghezza delle radici e perfino le montagne loseguivano passo dopo passo.

Orfeo cantava solo canzoni d'amore, anche perchéera innamorato perso di una ninfa di nome Euridice.

Purtroppo non era il solo ad amarla: un altro corteggiatore, il truce Aristeo, anche lui figlio di Apollo, ambiva alla mano della ninfa.

Aristeo era un individuo che trattava le donne in maniera assai rude: se una fanciulla era di suo gradimento subito passava ai fatti.

Come racconta Poliziano nella sua Fabula di Orfeo, durante un giorno in cui la bella Euridice stava facendosi il bagno, nuda in un laghetto, fu assalita da Aristeo fuggì disperata.

Durante la fuga, Euridice cadde e fu morsa da un serpente velenoso, che la condusse nel regno di Ade.

Secondo Ovidio, tutta la colpa dell'accaduto fu di Aristeo, invece secondo Poliziano anche Aristeo erainnocente, in quanto innamorato.

Un pastore, quindi, si assunse il compito di informare Orfeo che sul momento pianse disperato, poi compose in onore della defunta una decina di canzoni, facendo piangere per l'occasione anche i leoni, le montagne e le querce.

Una volta ripresosi dall'impatto emotivo, ad Orfeo venne un'idea, quella di suonare al cospetto di Ade, il Re dell'Oltretomba, al fine di commuoverlo e convincerlo a restituirgli Euridice.

Il cantore quindi riuscì a trovare un cunicolo che si inabissa nelle viscere della terra, in fondo a una caverna, e decide di percorrerlo.

Orfeo scese sempre più in profondità, finché non si trovò la via sbarrata dal Fiume Stige, torbido e

spettrale, che separa il mondo dei vivi da quello dei morti.

Qui si imbatte in Caronte.

Caronte appare ad Orfeo come un vecchio sporco e maleodorante che non solo fa remare le anime dei morti, ma pretende pure di essere pagato, infatti i Greci usavano mettere una monetina tra i denti dei defunti, proprio per consentire loro di pagare il pedaggio a Caronte.

Caronte, non appena sente Orfeo cantare, diventa un essere mansueto e non solo lo accompagna senza chiedergli alcun pegno sull'altra riva, ma lo segue anche per un breve tratto di strada con il volto estasiato.

Il secondo incontro che Orfeo farà è quello con Cerbero, il cane a tre teste che non lascia entrare i vivi e non lascia uscire i morti, ma anche Cerbero viene ammansito dalla bellezza del canto, infatti guaisce un pochino e gli si accuccia ai piedi.

Da quell'istante tutta l'Oltretomba sembra bloccarsi per ascoltare Orfeo, in quanto cessano i tormenti dei dannati; ad esempio Tantalo non ha più né sete né fame, la ruota di fuoco a cui è legato Issione si ferma, Sisifo si riposa accanto al masso, le aquile di Tizio smettono di rosicchiargli il fegato e via

discorrendo.

Ma non basta, perché nelle sue Georgiche il poeta Virgilio narra di come tutte le anime dei defunti accorrono a migliaia dai più remoti angoli del mondo delle tenebre.

Tenui ombre provenienti dall'Erebo fondo, immagini opache, ormai senza luce, attratti dal suo canto terreno, fitti a migliaia, come uccelli che si rifugiano tra le foglie, per sfuggire alla fredda pioggia, oppure alla sera che li ha sorpresi sui monti.

Madri, uomini, corpi di eroi generosi, bambini, vergini morte senza aver conosciuto l'amore, e giovani arsi sui roghi sotto gli occhi dei padri.

Finalmente Orfeo riesce a trovarsi davanti al trono degli Dei degli Inferi, Ade e Persefone.

Sempre suonando, il soave cantore chiede la grazia.

Ma Ade e Persefone sono titubanti, non sono ancora del tutto convinti di poter infrangere le regole.

Orfeo a quel punto prova a sostenere la tesi secondo la quale la fanciulla non avrebbe ancora finito di vivere i suoi gli anni che le spettavano didiritto, e chiede una proroga.

A quel punto, secondo Ovidio, Ade si commuove e consente a Orfeo di portarsi via Euridice a patto, però, che non la guardi mai in viso finché si trova nel suo regno.

Probabilmente, la regola del non guardare in viso le anime dei morti doveva essere una legge inviolabile dell'Oltretomba in quanto anche Orfeo, mentre canta e chiede la grazia ad Ade e Persefone, evita di guardarli.

Inizia quindi la risalita: davanti c'è Orfeo che suona la lira, seguito a pochi passi da Euridice tutta avvolta in un velo bianco, e infine, a chiudere la sfilata, Ermes che dovrà testimoniare che i due nonsi sono mai guardati.

All'inizio Orfeo è perplesso e non è affatto sicuro che Euridice lo stia seguendo perché non sente nulla che si muova alle sue spalle, non un rumoredi passi, non un respiro.

Vorrebbe voltarsi, ma non osa…

Sull'atto del voltarsi Ade e Persefone avevano molto insistito: Euridice sarebbe sparita per sempre

se Orfeo lo avesse fatto.

Ed ecco che, tutto ad un tratto, sente la sua voce:Euridice lo tenta: lo implora perché si volti, ma Orfeo non cede.

Orfeo resiste e finalmente esce all'aperto.

Non appena avverte sul viso il calore del sole si volta, ma la sua Euridice, purtroppo, si trova ancora sulla soglia del cunicolo e per pochi passi èda considerarsi ancora nell'Ade.

La fanciulla viene quindi di nuovo inghiottita dalle tenebre e sparisce per sempre, si era attardata perché le faceva male la caviglia morsa dal serpente.

Persa per la seconda volta Euridice, Orfeo èdisperato e si rifugia nel canto.

Per lo meno, così tramanda Ovidio, che nei suoi Tristia suggerisce il canto come unico rimedio che talora ci resta per alleviare i mali del mondo.

Fedele alla memoria dell'amante morta, Orfeo rifiuta qualsiasi compagnia femminile e si dedicaesclusivamente ai ragazzi.

Stando ad Ovidio, nelle sue Metamorfosi, Orfeo sarebbe addirittura l'inventore della pederastia.

Il rifiuto verso le donne, però, finì con il costare la vita ad Orfeo: un giorno, il cantore s'imbatté in uncorteo di Menadi ubriache. Le sacerdotesse di Dioniso prima cercarono di sedurlo, poi, offese dal suo netto rifiuto, lo presero, lo fecero a pezzi e ne gettarono le membra nel fiume Ebro.

La testa di Orfeo, finì con il cadere proprio sulla lira e con il restare miracolosamente a galla.

Si racconta anche che durante il tragitto percorso in balia della corrente la testa di Orfeo si mise a cantare versi di amore per

Euridice.

Zeus, commosso dalla struggente vicenda, pose la testa di Orfeo in mezzo al cielo, nella costellazione della Lira, e ancora oggi si dice che nelle notti stellate si possa udire il suo canto d'amore.

Eracle

Zeus era pazzo di Alcmena, ma lei non lo ricambiava.

Alcmena era una donna di specchiate virtù e mai e poi mai avrebbe tradito il marito, neppure con il Re dell'Olimpo.

Quando poi Ermes le precisò che non si trattava di un Dio qualsiasi, ma di Zeus in persona, lei, rifiutò abbassando gli occhi, seppure lusingata.

Alcmena, dirla tutta, non faceva l'amore nemmeno con il marito, e questo perché era troppo occupata a odiare Pterelao, l'uomo che le aveva assassinato sette fratelli, quando lei era ancora una fanciulla.

In una delle tante risse scoppiate a causa di un furto di bestiame, un gruppo di Teleboi, comandati da Pterelao, aveva ucciso tutti i fratelli di Alcmena.

Pterelao era il re di Tafo, un'isoletta della Grecia occidentale, situata grosso modo all'altezza dell'Acarnania.

In seguito al massacro, la vergine Alcmena accettò di sposare Anfitrione, Re di Tebe, a patto che lui uccidesse Pterelao subito dopo.

E per maggiore garanzia, aggiunse che lei non avrebbe fatto

l'amore finché il marito non l'avesse vendicata.

Sconfiggere Pterelao non era affatto semplice, dal momento che questo capobanda aveva ottenuto da

Poseidone il dono dell'invincibilità a condizione di conservare in testa un capello d'oro.

Anfitrione provvide a farglielo tagliare mentre era immerso nel sonno, poi lo affrontò sul campo e lo uccise.

A questo punto non gli restava che tornare a casa per riscuotere il premio promesso e, come prova della vittoria, portava con sé una coppa d'oro confiscata al defunto.

Del tutto pensò bene di approfittare Zeus che, mentre il povero Anfitrione era ancora impegnato a sterminare gli ultimi Teleboi, prese le sue sembianze e si presentò nella stanza da letto di Alcmena.

Infine, per evitare di essere sorpreso sul più bello dal marito legittimo, fermò la Luna in mezzo al cielo, fece staccare i cavalli del Tempo dal Carro delle Ore, e ordinò a Morfeo d'intorpidire la mente degli uomini in modo che dormissero per tre notti di seguito.

Il giorno dopo, quando il vero Anfitrione fece ritorno a casa,

si rese conto di essere stato preceduto da qualcuno, e anche grazie a un fulmine, guarda caso, caduto

proprio mentre stava parlando con Alcmena, intuì quel qualcuno chi poteva essere.

Lo scambio di persona nel letto di Alcmena ha suggerito a vari autori lo spunto per alcuni deimigliori testi che il teatro ricordi.

Nove mesi più tardi nascono due gemelli: Eracle eIficle, il primo è figlio di Zeus e il secondo di Anfitrione.

Eracle era anche chiamato Triselenos, ovvero Figliodella triplice Luna.

A sentire Diodoro Siculo, Zeus in questa bricconatanon fu spinto dalla solita libidine ma dal desiderio di avere un figlio straordinariamente forte.

Zeus, quando si unì carnalmente con Alcmena, triplicò la notte e così facendo preannunziò la forzaeccezionale del figlio che avrebbe avuto.

.

Al che la moglie Era, gelosa come al solito, prese subito dei provvedimenti, rapendo l'Ilizia che erala Dea del parto.

La Regina dell'Olimpo la intrattenne proprio sulla soglia della casa di Alcmena in modo che nel frattempo potesse venire alla luce il figlio settimino

di Nicippe, un'altra discendente di Perseo. Così nacque Euristeo, un personaggio insignificante ed a volte anche un po' vigliacco, destinato a comandare su tutti gli Argivi però, a causa dell'incauta predizione di Zeus, Eracle compreso.

Quando Zeus si accorse di essere stato raggirato, andò su tutte le furie e minacciò addirittura di ripudiare Era e di lasciare l'Olimpo una volta pertutte.

Ma, anche grazie alla diplomazia di Ermes, il Re dell' Olimpo giunse ad un compromesso: lui non avrebbe più tradito Era, ed Eracle sarebbe diventato un Dio come tutti gli altri, subito dopo aver compiuto dodici fatiche agli ordini di Euristeo.

Sulla motivazione delle dodici fatiche c'è anche un'altra versione ed è quella che racconta della pazzia di Eracle: sempre per colpa di Era, l'eroe un brutto giorno avrebbe smarrito la ragione fino a uccidere sei dei propri figli e due nipotini che si trovavano nei paraggi; una volta rinsavito, per potersi redimere si recò all'oracolo di Delfi, e qui laPizia gli ordinò di trasferirsi a Tirinto e di mettersi agli ordini di Euristeo per dodici anni.

Quale che sia stata la motivazione delle fatiche, però, resta il fatto che Era odiava a morte Eracle in

quanto per lei era il simbolo vivente dei tradimentidi Zeus eppure, strano a dirsi, quando Eracle era ancora un poppante, lei lo aveva perfino allattato.

Anfitrione e Alcmena, una volta compreso il contesto spinoso in cui si erano cacciati, cominciarono a temere la vendetta di Era. Per non correre rischi, abbandonarono il piccolo Eracle in un campo, fuori dalle mura di Tebe e le prime a trovarlo furono Era ed Atena che stavano camminando proprio da quelle parti, sembrerebbe su suggerimento di Zeus.

Atena, scorgendo il neonato, non potè non sdegnarsi nel vedere un neonato lasciato dallamadre al proprio destino.

Era, impietositasi, si denudò il petto e se lo attaccòal seno.

Il piccolo Eracle, evidentemente affamato, le dette un tale morso che la Dea fu costretta ad allontanarlo di scatto ed il getto di latte che ne fuoriuscì schizzò in cielo e dette origine alla via Lattea. Atena raccolse il piccolo e costrinse Alcmena a riaccoglierlo e a metterlo di nuovo accanto al fratello gemello ma Era, per nulla più commossa dalla vivacità del bambino, dopo dieci mesi inviò due serpenti velenosi perchè

uccidessero Eracle ed il suo gemello nel sonno.

Ificle, non essendo lui un semidio, si spaventòmoltissimo ed urlò la propria paura.

Invece Eracle, come se avesse avuto a che fare condue giocattoli nuovi, li strozzò ognuno con una manina, per poi mostrarli al padre che nel frattempo si era precipitato nella stanza dei bambini allarmato dalle grida di Ificle.

Teocrito dedica alla scena uno dei suoi Idilli: Eracle aveva dieci mesi e Ificle una sola notte di meno.

E giustamente Diodoro mette in rilievo che è proprio Era a rendere Eracle famoso già dalla culla, in quanto gli Argivi venuti a conoscenza del prodigio lo chiamarono Eracle, ovvero Colui che ha ottenuto la gloria per merito di Era.

Le Dodici Fatiche

Le famose fatiche di Eracle furono dodici e non tutte, in fondo. così memorabili: si trattava sempre di abbattere qualche mostro che seminava il terrorepresso una comunità.

I mostri

Il Leone Nemeo: il leone nemeo era dotato non solo

della proverbiale ferocia leonina, ma anche di una pelliccia invulnerabile a qualsiasi arma da taglio.

A detta di Apollodoro d'Atene, Eracle riuscì ad averne ragione brandendo la clava ed inseguendolo.

Il leone quindi andò a rifugiarsi in una spelonca aperta da due parti; ma lui ne chiuse una ed assalì l'animale attraverso l'altra, quindi, strettole il collofra le mani, tanto lo strinse che lo soffocò. La faticafu lautamente ripagata ad Ercole dalla portentosa pelliccia, che da quel momento divenne il suo corpetto imperforabile e la sua divisa d'ordinanza.

Per quanto riguarda l'Idra di Lerna le difficoltà connesse all'uccisione furono essenzialmente il fiato letale del mostro, in grado di uccidere chiunque dalla distanza e il fatto che una sola delle sue tante teste fosse vulnerabile mentre tutte le altre ogni volta che venivano recise, ricrescevano più numerose di prima.

Eracle con l'aiuto del suo amico Iolao, che carbonizzava i colli mozzati man mano che luitagliava le teste, riuscì alla fine a praticare la decapitazione giusta.

Quanto al fiato pestilenziale, sia Eracle sia Iolao risolsero il problema in maniera molto semplice, ovvero svolgendo il tutto in apnea.

La più difficile delle fatiche di Eracle fu senz'altro la terza, quella della cerva di Cerinea dalle corna d'oro: Eracle la dovette inseguire per più di un anno, si dice, attraversando mezza Europa. Eracle non poteva uccidere la cerva, per non offendere Artemide, catturarla nemmeno data la sua eccezionale velocità, quindi pensò bene di ferirla a una gamba avendo cura di non recidere i tendini né di comprometterne le ossa.

Camminando per l'Arcadia con la cerva sulle spalle, incontrò Artemide e la dea lo rimproverò a lungo

di aver voluto colpire un animale a lei così caro. Eracle se ne scusò, addebitando ogni colpa al suomandante Euristeo.

Del cinghiale erimanzio non si sa nulla, se non cheera enorme e ferocissimo. Dopo averlo catturato, Eracle se lo caricò vivo sulle spalle.

Sugli uccelli stinfali si può essere più precisi: erano

alti come gru e il loro becco era in grado di forareuna corazza molto spessa.

A parte qualche penna sulla coda, tutto il resto delloro corpo era di bronzo.

La loro specialità consisteva nell'attaccare all'improvviso chiunque si avvicinasse alla Palude Stinfalia, e nel contaminare con le proprie feci le campagne circostanti, impedendo la crescita di qualsiasi tipo di vegetazione. Eracle, resosi conto di non avere un numero di frecce pari a quello degli uccelli, salì su una collina e suonò un paio di nacchere regalategli da Efesto.

Gli uccelli all'udire lo strepitoso suono, pieni di paura, si diedero in volo e sparirono per sempre.

Per quanto riguarda il toro cretese, non si è mai capito bene che animale fosse: se un toro qualsiasi eparticolarmente feroce oppure il padre del Minotauro in persona.

Il racconto mitologico ci tramanda che Eracle lo catturò vivo e se lo portò in Grecia, non è chiaro come, per poi offrirlo ad Era che lo rimise in libertà.

Le cavalle di Diomede, note anche come le cavalle carnivore, Appartenevano a Diomede, che spesso

invitava qualche ospite a cena per poi darlo inpasto alle giumente.

Eracle punì Diomede facendogli fare la medesima fine dei suoi invitati, con grande godimento delle cavalle.

La decima fatica portò Eracle in Spagna con lo scopo di catturare le mandrie di Gerione, un essere mostruoso dotato di tre teste, sei braccia e tre bustiche si riunivano all'altezza della vita come tre rami che fuoriescono dallo stesso tronco.

A difendere il gregge c'era un bovaro gigantesco chiamato Eurizione ed un cane a due teste, di nomeOtro.

Ma Eracle uccise con sei colpi di clava, uno per ogni testa

posseduta dal mostro, Gerione per poi colpire anche Eurizione e Otro e si portò via l'interogregge fino a raggiungere il Ponto Eusino, trascinandoselo per mezza Europa.

Tutto questo non senza aver prima innalzato, all'ingresso dello stretto di Gibilterra, due enormi colonne dette in seguito Colonne d'Ercole, con lo scopo preciso di segnare un limite di esplorazione massima invalicabile per l'umanità.

La cattura del cane Cerbero, la belva tricefala posta a guardia del mondo dei morti, vide una lotta corpo a corpo tra i due con vittoria finale di Eracle che si trascina in catene un Cerbero uggiolante.

Nel corso dell'impresa l'eroe ebbe modo aiutare anche l'amico Teseo che nel frattempo si era cacciato nei guai insieme a Piritoo. I due ladri avevano cercato di rapire Persefone, la regina dell'Oltretomba e Ade, il marito, li aveva incollati a vita su due scranni di pietra.

Eracle utilizzò tutta la sua forza per liberarli ma,

per quanto tirasse, riuscì a staccare il solo Teseo che, nello strappo, finì con il perdere buona parte dei glutei.

In seguito, nella più bizzarra delle dodici fatiche, Eracle ebbe incarico di ripulire e sciacquare le stalle di Augia.

Raccontano i mitologi che gli allevamenti di questo Re dell'Elide puzzavano a tal punto che l'intero Peloponneso ne soffriva. A volte perfino i Libici, quando spirava Borea, dovevano tapparsi in casa per sottrarsi allo stomachevole fetore proveniente dal nord. Inoltre, lo sterco delle vacche di Augia si era talmente stratificato che l'intera regione non poteva più essere né arata né seminata dai contadini ed il maligno Euristeo, venuto a conoscenza della gravità della cosa, pensò bene di affidarne la soluzione ad Eracle, che compì l'impresa in un unico giorno, deviando il corso dei fiumi Alfeo e Peneo e l'improvviso affluire delle acque spazzò via tutto il letame che si era accumulato negli ultimi dieci anni e dovette anche ammazzare Fetonte, il più feroce dei dodici tori bianchi posti da Augia a guardia del bestiame.

Per quanto riguarda la cintura di Ippolita, occorre aprire una breve parentesi sulle Amazzoni.

Queste donne guerriere non erano del tutto un frutto della fantasia dei poeti: sono realmente esistite ed a darne testimonianza sono illustri viaggiatori come Erodoto e Pausania. In Grecia, quando un popolo ne sconfiggeva un altro, era prassi normale uccidere oppure rendere schiavi tutti i maschi sconfitti, bambini compresi, a scanso di ritorsioni.

Quindi, una volta eliminati gli uomini, erano le donne più giovani a indossare le armi e a difendere

le mura; data poi la loro minore statura e la relativa piccolezza dei cavalli dell'epoca, le Amazzoni furono le prime a montare a pelo, dando origine a tutta una serie di leggende che le descriveva, a somiglianza dei centauri, per metà donne e per metà cavalle, e ad ogni modo ferocissime.

La crudele Lisippa, la prima delle regine delle Amazzoni, stabilì che tutti gli uomini sbrigassero le faccende domestiche senza mai occupare posti di potere.

Inoltre, faceva fratturare le braccia e le gambe di tutti i bimbi maschi in modo che nella vita non potessero mai più prendere parte a un combattimento.

Nessuna Amazzone aveva il permesso di sposarsi se prima non avesse ucciso almeno un uomo.

La loro più nota localizzazione è quella di Temiscira, sulle coste della Cappadocia.

Admeta, una delle figlie di Euristeo, un giorno manifestò una tremenda voglia di possedere la famosa cintura d'Ippolita, Regina delle Amazzoni.

Euristeo ne approfittò subito per inviare Eracle inspedizione.

Eracle si era presentato nella capitale delle

Amazzoni come ambasciatore di Micene, accompagnato dai fidi Teseo e Telamone e la regina Ippolita non solo aveva accolto gli ospiti con la massima cortesia, ma si era anche immediatamente invaghita dell'eroe, al punto che gli avrebbe di sicuro regalato la famosa cintura.

I guai sopraggiunsero quando Era, assunte le sembianze di un'Amazzone, si recò dov'erano tutte le altre e disse loro che la regina stava per essere rapita dai forestieri giunti dal mare.

Secondo Apollodoro, a queste notizie le Amazzoni montarono a cavallo e si precipitarono intorno alla nave ed Eracle, vedendo un tale afflusso di donne armate, e sospettando che Ippolita gli avesse volutotendere un tranello, la uccise e le tolse la preziosa cintura, per poi prendere velocemente il largo.

L'unico a non perdere la calma fu Teseo che si arraffò Antiope, la più bella delle donne guerriere.L'eroe se la portò in Grecia e così facendo scatenò una guerra sanguinosa tra Amazzoni e Ateniesi, con battaglia finale e relativa vittoria di Atene, ai piedi dell'Acropoli.

A più di otto anni dalla prima fatica, Euristeochiese ad Eracle di andargli a raccogliere una

decina di mele dal giardino delle Esperidi.

Ancora oggi nessuno sa indicare con esattezza dove si trovasse questo giardino: per alcuni era situato nel Corno d'Africa, in fondo al mar Rosso, per altri fra le nebbie ungheresi, oltre il Danubio, eper altri ancora in Marocco, sulle coste dell'oceanoAtlantico.

Tenuto conto che nel mito si parla spesso del sole che tramonta immergendosi in mare, si può propendere per quest'ultima ipotesi.

L'albero di mele era stato un regalo di nozze dellaMadre Terra a Era, e la Dea lo aveva fatto piantare in un giardino che le era particolarmente caro, affidandone la custodia alle tre Esperidi di nome Aretusa, Egle ed Esperia ed al drago chiamato Ladone, che viveva notte e giorno avvinghiato intorno al tronco.

Era aveva già in odio Eracle in quanto prova vivente del tradimento di Zeus, quale catastrofe di ira avrebbe scatenato l'eroe nel rubarle anche le mele!

Eracle si recò a chiedere consiglio al saggio Nereo, un Dio marino che viveva presso le foci del Po, perchiedergli come riuscire a cogliere le mele dorate dal giardino delle Esperidi.

Si dà il caso che nei pressi del giardino delle Esperidi abitasse Atlante, il gigante che a suo tempo era stato condannato dagli Dei a reggere sulle spalle la volta del Cielo, per aver egli presoparte alla rivolta dei Titani.

Eracle, su indicazione di Nereo, chiese ad Atlante di andare a raccogliere per lui le mele dorate, prendendo momentaneamente sulle proprie spallela volta celeste che il Gigante era condannato a reggere.

Atlante avanzò soltanto l'obiezione che a guardia del giardino vi fosse un feroce drago ed Eracle, conuna freccia ben scoccata, uccise Ladone dopo essersi arrampicato sul muro di cinta, senza quindi mettere piede nel giardino.

In seguito Era, secondo Igino, inconsolabile per la morte di Ladone, lo sistemò in cielo nella costellazione del Serpente.

Una volta prese le mele, Atlante cercò di fuggire.

Atlante era esausto di reggere il Cielo, e non gli era parso vero che Eracle si fosse offerto spontaneamente di sostituirlo, anche se con un secondo fine.

Il Titano cercava di rassicurare Eracle sul fatto che

sarebbe stato lui a portare i pomi ad Euristeo.

Ma Eracle non era stupido e disse di volersi solo sistemare un po' meglio il peso sulle spalle; chiese quindi al Titano di riprendersi la Volta Celeste solo per un attimo nel frattempo che lui si fosse sistemato un cuscino sulla spalla in modo da non farsela indolenzire.

Appena Atlante si riprese la volta celeste, Eracle fuggì con i pomi. Terminano qui le dodici fatiche diEracle.

Stranamente, quasi nessuno si ricorda di una tredicesima fatica, riguardante le figlie di Tespio che, forse, fu la più pesante di tutte. Tespio era il Re di Tespia, una cittadina non molto distante da Tebe, i cui abitanti vivevano sotto la continua minaccia di un leone ferocissimo.

Tespio disse a Eracle che se avesse ucciso per lui questa belva tremenda, gli avrebbe dato in premio Procri, la sua figlia maggiore, per cinquanta notti diseguito.

Eracle si prodigò ad uccidere la belva ma Tespio era padre di cinquanta figlie e voleva assolutamente impedire che anche una sola di essesi accoppiasse con un partner non all'altezza della sua casta.

Tespio pensò bene, a quel punto, di approfittare del pegno in pagato ad Eracle dalla sua primogenita per sostituire Procri nel buio con le quarantanove sorelle, una per notte.

Dopo meno di un anno nacquero cinquantabambini, tutti figli di Eracle.

Alcune versioni del mito sostengono che Eracle sisia accoppiato con tutte le cinquanta donne in un'unica notte, ma mti mitologo screditano tale ipotesi.

Tra le imprese minori di Eracle, va ricordata infine quella di Esione.

L'antefatto della vicenda risale all'epoca in cui Laomedonte, Re di Troia, tentò di non pagare Apollo e Poseidone dopo che questi gli avevanocostruito le mura della città.

Si narra che per vendicarsi del tentato raggiro, Apollo avesse inviato una terribile pestilenza e Poseidone un mostro marino a infestare i mari della Troade, il tutto sarebbe finito solo il giorno in cui i Troiani avessero sacrificato una delle loro vergini.

La scelta ricadde su Esione, la figlia maggiore diLaomedonte.

Eracle si presentò sulla spiaggia dove la ragazza era stata incatenata e, nascosto dietro un muretto, attese con pazienza che arrivasse il mostro.

Raccontano i mitologi che il duello fu davvero memorabile: Eracle combatté all'interno del ventredella bestia per tre giorni e tre notti di seguito e neuscì vittorioso, anche se nella lotta perse tutti i capelli.

Dopo la morte del drago, a Esione venne data opportunità di scegliere se partire con il suo salvatore oppure restare in casa con i genitori e lafanciulla scelse, senza alcuna esitazione, di viverecon Eracle.

La camicia di Nesso

I guai di Eracle cominciarono quando decise di sposarsi con Dejanira, figlia del Re di Pleurone dinome Eneo.

I pretendenti alla mano della fanciulla erano moltissimi, e provenivano da ogni parte della Grecia ma, non appena si sparse la voce che anche Eracle le aveva messo gli occhi addosso, si ritirarono tutti ad eccezione di Acheloo, un Dio fluviale, un po' mostruoso nell'aspetto, che attraevanemmeno la diretta interessata.

Tutto si risolse in un duello all'ultimo sangue.

Acheloo si mutò in toro e in serpente, ma Eracle non apparve neppure impensierito in quanto aveva trascorso una vita intera, in pratica fin dalla culla, ad abbattere tori e serpenti ed altre creature mostruose.

Acheloo fu battuto da Eracle mentre il dio fluvialeaveva preso le sembianze di un serpente.

Eracle e Dejanira si sposarono con grande sfarzo e

sarebbero vissuti felici e contenti per sempre, se durante il viaggio di nozze non fosse che ad un certo punto, mentre stavano per attraversare un fiume, si presentò loro un centauro di nome Nessoche disse di aver ricevuto direttamente da Zeus l'incarico di traghettarli e di deporli sani e salvi sulla riva opposta, trasportandoli uno per volta.

Come tutti i centauri ad eccezione di Chirone,Nesso era un poco di buono e, dunque, non appena si trovò solo con Dejanira cercò di possederla.

Ad Eracle non restò altro che ricorrere a una delle sue frecce infallibili, che aveva intinto nel veleno dell'idra, e cercare abbattere Nesso.

L'eroe centrò il centauro giusto tra il cuore ed ipolmoni.

Nesso però, prima di morire, ebbe il tempo di sussurrare all'orecchio di Dejanira di conservare una parte del suo sangue perché, le disse il centauro, esso era il più potente dei filtri d'amore e, se un uomo vi fosse entrato in contatto, non avrebbe mai potuto tradirla con nessuna altra donna.

Eracle amava mto Dejanira e la fanciulla non diedetanto peso alle parole di Nesso.

Solo in seguito lei pensò che Eracle, un domani, avrebbe potuto incontrare una donna più bella, ead ogni modo un filtro d'amore può sempre far comodo ad una donna.

Quindi la sposa, senza starci tanto a pensare, mentre il marito era impegnato ad attraversare il fiume a nuoto, tolse la camicia a Nesso, l'inzuppòben bene nel suo sangue e se la nascose in uno scrigno.

Ciò che accadde dopo, ci viene tramandato da Sofocle nella sua tragedia intitolata Le Trachinie:

Eracle e Dejanira erano ormai sposati da venti anni e si erano stabiliti a Trachis, una cittadina della Tessaglia.

La tragedia ha inizio con Dejanira che si lamenta con il pubblico perché il marito non è mai presentein casa.

Eracle non è certamente uomo di casa, è un uomo di azione e se Euristeo non gli avesse ordinato le dodici fatiche, con ogni probabilità avrebbe cercato

da solo le opportunità per guadagnarsi la propriafama.

Mentre Dejanira sta chiedendo comprensione, arriva sul proscenio l'araldo Lica con le ultimenotizie dal fronte.

Dietro di lui avanza una lunga schiera di prigioniere, tra cui Iole, una bellissima giovane, figlia di Eurito, il Re sconfitto.

La giovane non parla, ha il viso rabbuiato e gli occhi bassi, ma Dejanira la guarda con molta attenzione.

L'araldo all'inizio si tiene sul vago: Eracle sta bene, per il momento è impegnato ad officiare sacrifici di ringraziamento agli Dei, manda a dire alla moglie che presto sarà a casa.

Per quanto riguarda le prigioniere, fanno parte del solito bottino del vincitore.

Dejanira però incalza l'araldo: alcune malelingue le hanno detto che Eracle ha un debole per una delle prigioniere.

E Lica parla dicendo che è vero: Eracle è stato preso da un irrefrenabile desiderio per questa fanciulla, ed è per catturare lei che ha dichiarato guerra a Eurito e raso al suolo la sua città Ecalia.

Fino a quel momento, lui che aveva sempre trionfato su tutto e su tutti con la sola forza dei muscoli, era stato costretto a soccombere alla forzadell'amore.

Dejanira, giustamente, non prende bene la notiziache Eracle si sia invaghito di un'altra donna e ci resta malissimo.

A questo punto si ricorda della camicia di Nesso e del filtro d'amore di cui era imbevuta e subito dopoprepara un pacco dono per il marito e lo affida a Licia perché lo consegni ad Eracle.

È fin troppo noto ciò che accadde dopo: Eracle, appena indossata la micidiale camicia, cadde predadi dolori lancinanti.

Questo perché il sangue di Nesso gli divorava lacarne pezzo per pezzo, e qualsiasi tentativo per strapparsela di dosso fosse inutile. Eracle, tra ununurlo di dolore e l'altro, malediceva Dejanira e il giorno che l'aveva incontrata.

Tutto questo però non si vede sulla scena, è il

giovane Illo, il primogenito di Eracle, che irrompe sul palcoscenico, come un ossesso, per raccontarloal pubblico.

Dejanira, non capisce di cosa suo figlio la stesseaccusando.

Illo la informa sull'accaduto.

La povera Dejanira amava Eracle più di qualsiasi cosa al mondo e pensava di avergli inviato solo unfiltro d'amore!

Dejanira, dopo avere ascoltato le parole del coro delle Trachinie, che come tutti i cori greci non è maitroppo roseo, si uccide.

Il figlio Illo la troverà morta stecchita e si pentiràamaramente di averla accusata.

Ma non è finita, perché sulla scena appare Eracle.

Il semidio è sdraiato su una barella e soffre le penedell'inferno. È adirato tutti: con Dejanira, con Era econ il mondo intero.

Quando poi viene a sapere che la moglie non ha colpe e si è uccisa, prega il figlio che lo aiuti a porre fine al tormento che gli divora le carni, chiedendo di essere bruciato vivo.

La leggenda vuole che sul momento decisivo Illo non avesse più il coraggio di appiccare il fuoco e che a provvedere alla tragica mansione sia stato Filottete, un eroe greco di passaggio, che a titolo dicompenso avrebbe poi avuto in regalo le frecce e l'arco di Eracle.

La camicia di Nesso, a detta di alcuni mitologi,rappresenta la vita matrimoniale ed i suoi inconvenienti.

Eracle, spirito libero e sempre alla ricerca di nuoveemozioni, non sopporta la monotonia del matrimonio e preferisce morire piuttosto che trascorrere giorni sempre uguali accanto a sua moglie.

Teseo

Tanti furono i mostri uccisi da Eracle, quante ledonne che Teseo sedusse girovagando per il mondo.

Tra le sue numerose vittime amorose vanno ricordate almeno Perigune, Alope, Arianna, Fedra, Antiope, Egle ed Elena, la stessa che fece scatenarela guerra di Troia.

Per poco Teseo non riuscì a giacere anche con la regina dell'Oltretomba, la misteriosa Persefone.

Ridurre Teseo ad un semplice donnaiolo però non sarebbe

nemmeno opportuno: oltre il contributo che dette ai suoi concittadini eliminando il brigantaggio che infestava i dintorni di Atene, Teseo va ricordato anche come il primo uomo politico espresso dalla Grecia.

Fu lui, infatti, a creare la prima alleanza politica ascopo difensivo perché, fino a quel momento, la sua terra era divisa in dodici piccole monarchie e l'una era nemica dell'altra.

Teseo convinse i piccoli sovrani locali a rinunciare ai propri egoismi, eliminò quelli che non si dichiaravano accondiscendenti e realizzò una sorta

di di confederazione attica con Atene capitale.

Infine, per rafforzare lo spirito nazionale e dar modo ai più giovani di scaricare le proprie energie, inventò le Panatenee, ovvero un primo abbozzo di Olimpiadi.

Tra le tante iniziative che sono dovute a Teseo, si ricordano: la suddivisione del popolo in tre classi, contadini, artigiani e intellettuali, rispettivamente detti: georghi, demiurghi ed eupatridi; il reclutamento dee più grandi menti dell'estero: Teseo inviò messaggeri in tutta la Grecia affinché convincessero coloro che ritenevano di eccellere in qualcosa a diventare cittadini ateniesi, e chissà che così facendo non abbia gettato i semi, otto secoli prima, per quella meravigliosa fioritura che va sotto il nome di Età di Pericle; l'emissione della prima moneta greca: il conio prescelto fu il toro, probabilmente per ricordare la più famosa delle sue imprese, ne furono emessi tre tagli: il bue, i dieci buoi ed i cento buoi.

Egeo, padre di Teseo, era sterile: aveva avuto già due mogli, e nessuna delle due era rimasta incinta.

Egeo, come tanti altri, si recò all'Oracolo di Delfi ed il responso della sacerdotessa fu quanto mai pessimista, che gli disse infatti di non aprire l'otredel suo vino, se non voleva morire di dolore.

In altre parole, se Egeo ci teneva alla vita, non doveva generare figli.

Egeo, però, non si rassegnò affatto poiché aveva centinaia di parenti che attendevano la sua morte come avidi sciacalli, e a lui serviva un figlio maschio a cui lasciare il trono.

Dopo tanti tentativi, un bel giorno, ad Egeo riuscì di mettere incinta Etra, la terza moglie.

Una volta avuto l'erede, nel timore che qualcuno glielo portasse via, Egeo lo spedì, in gran segreto, a Trezene e si fece promettere dalla moglie che non gli avrebbe mai rivelato il nome di suo padre, almeno fino al giorno in cui il giovane non fosse stato sufficientemente robusto da spostare da solo un enorme masso, sotto il quale aveva seppellito una spada e un paio di sandali usati.

Secondo Plutarco nella sua Vita di Teseo, quando divenne adulto Teseo dimostrò di essere non solo forte e coraggioso, ma anche assennato.

Etra quindi lo condusse innanzi al masso e gli rivelò la verità sulle sue origini, quindi lo esortò ad estrarre da sotto il masso gli oggetti lasciati dal padre, per poi far vela verso Atene.

Teseo spostò con facilità l'immane roccia, ma si rifiutò di mettersi in mare, nonostante la madre ed il nonno lo avessero scongiurato di non viaggiare apiedi, essendo la strada di terra di gran lunga più pericolosa di quella marina, a causa dei numerosi briganti.

Cinque furono i briganti che ebbero la sfortuna d'imbattersi in Teseo: Perifete, Sini, Scirone, Cercione e Procuste.

Perifete, figlio di Poseidone, era soprannominato Corunete in quanto si serviva di una pesantissima mazza di bronzo (la korúne) con cui fracassava la testa a tutti coloro con cui aveva una disputa, quasisempre aggredendoli alle spalle.

Teseo, però, non si fece sorprendere, gli tolse la mazza dalle mani e se ne servì per ucciderlo a suavolta.

Come Eracle, anche Teseo applicava la regola del

contrappasso, ovvero puniva i criminali nello stesso modo con cui loro avevano infierito suglialtri.

Sini, detto anche Piziocante, era un sadico in quanto il suo passatempo preferito consisteva nel catturare un passante, legarlo a due alberi di pino piegati fino a terra, tagliare contemporaneamente lecorde con le quali le cime dei pini erano state ancorate al suolo.

Teseo, secondo la propria legge, fece provare anchea lui cosa si provasse a essere squartati.

In quell'occasione Teseo trovò anche il tempo per sedurre e mettere incinta una delle figlie di Sini, Perigune.

Terzo della serie fu il bandito Scirone, stranissimo personaggio, maniaco dell'igiene che era solito obbligare i passanti a lavargli i piedi.

Scirone si piazzava in una curva di un promontorio, a picco sul mare e, non appena il malcapitato aveva terminato l'umiliante mansione, lui gli dava un calcio e lo scaraventava nel vuoto.

A detta dei mitologi, Teseo rinunziò alla legge del contrappasso, almeno in questa occasione, non si

fece lavare i piedi e lo gettò direttamente in mare.

Proseguendo nel suo cammino verso Atene, Teseo incrociò i propri passi con quelli del lottatore Cercione, che obbligava il prossimo a lottare con lui.

Sfidare Teseo era come invitarlo a nozze: l'eroe lo stese al suolo con grande facilità e giacque pure con sua figlia Alope.

Secondo Pausania, Teseo vinceva più con la testa che con i muscoli, al punto tale da essere considerato l'inventore della lotta libera.

L'ultimo dei briganti appostati sulla strada di Atene fu il famoso Procuste.

Costui era un amante della precisione, a lui sarebbe piaciuto che tutti gli uomini della terra fossero uguali, almeno nella statura, e perciò obbligava i viandanti a stendersi sul suo particolare letto, per poi amputare i più alti e allungare i più bassi, fino a uguagliare la lunghezza del letto.

Naturalmente Teseo obbligò a viva forza Procuste a sdraiarsi sul lettino e, trovandolo più basso del solito, lo stiracchiò fino a farlo morire.

Ad Atene, nel frattempo, l'esule Medea, cacciata da Corinto, aveva chiesto ospitalità ad Egeo che

gliel'aveva ben volentieri accordata al solo patto che lei, con le sue arti magiche, lo avesse guarito dall'impotenza.

Egeo ebbe una guarigione tanto portentosa che nove mesi dopo fu la stessa Medea a dargli un figlio di nome Medo.

Ovviamente la maga non vide affatto di buon occhio l'arrivo di Teseo: sapeva benissimo che l'eroe era l'erede legittimo al trono e che il suo piccolo Medo non ce l'avrebbe mai fatta a prendere il potere finché Teseo fosse stato in vita.

Quindi, approfittando del fatto che Teseo non si era ancora presentato al padre, riuscì a convincere Egeo che quel giovane sconosciuto venuto da Trezene altri non era che un pericoloso delinquente da eliminare con l'astuzia.

Quel giorno ad Atene c'era una grande festa e tutti i cittadini si erano recati al Tempio di Apollo Delfinio per partecipare a un colossale banchetto a base di bue arrostito e vino di Creta.

Teseo, in quanto ospite, fu invitato dal re a tagliarsi per primo una fetta di carne, ed un attimo dopo Medea gli offrì con un sorriso una coppa di vino avvelenata.

Il giovane aveva già accostato le labbra al veleno, quando Egeo si accorse che la spada con la quale l'eroe aveva tagliato il bue era la stessa che lui aveva seppellito diciotto anni prima a Trezene.

In un lampo il vecchio comprese e, rovesciata lacoppa del veleno, interrogò a lungo l'ospite.

Alla fine lo abbracciò e lo presentò ai sudditi, riconoscendolo come figlio.

Minosse ed il Minotauro

Un giorno la regina Pasifae, parlando con alcune amiche, disse che del sesso non le importava proprio nulla e che, fosse stato per lei, non lo avrebbe mai fatto.

Afrodite, punta sul vivo, la trasformò subito in una ninfomane e da quel giorno Pasifae non ebbe più pace: insoddisfatta delle prestazioni sessuali del

marito, iniziò a tradirlo un po' con tutti, dai cortigiani agli ospiti di passaggio e perfino con isoldati della guardia.

Frattanto a Creta il Re Minosse, marito di Pasifae, aveva promesso a Poseidone, di sacrificargli il più bel toro dell'isola nel giorno della sua festa ed il diodel mare gliene fece arrivare uno dal mare, bellissimo, tutto bianco, che di notte luccicava comese dentro avesse avuto una luce.

Vista l'eccezionalità dell'animale, Minosse non se la sentì di ucciderlo e, per fare in modo che Poseidone non se ne accorgesse, nascose il toro nei giardini del palazzo reale.

Pasifae, vittima delle maledizioni di Afrodite e di quelle di Poseidone, finì con l'innamorarsi del toro.

Il primo incontro tra Pasifae e la bestia non fu eccezionale, anche perché i tori sono attratti dalle mucche e Pasifae era sì una bella donna, ma non rassomigliava affatto ad una mucca.

Amareggiata dal rifiuto, la regina chiese aiuto a Dedalo, l'architetto di casa reale, e il grande artista le costruì una mucca di legno completa di corna, pelliccia e zoccoli, dentro cui la regina avrebbe

potuto comodamente posizionarsi.

Secondo Plutarco, nove mesi dopo nacque il Minotauro, ovvero un essere ibrido, un frutto mostruoso, in cui si univano due nature di essereumano e di toro.

Di Minosse, la storia ci ha tramandato che fu il più potente sovrano della sua epoca e che le sue flotte dominarono tutti i mari, dall'Egitto alle coste dell'Anatolia.

Tra le tante conquiste portate a termine da Minosse, gli annali ricordano quella di Megara.

Scilla, figlia del Re di Megara che si chiamava Niso, era solita sporgersi dalla torre più alta della città

per buttare dei sassolini.

La curiosa occupazione era dovuta al fatto che, grazie ad un privilegio ricevuto da Apollo, non appena qualcosa di lanciato da lei colpiva il suolo,si udiva una bellissima nota musicale.

Un giorno, mentre Minosse stava cingendo d'assedio la sua città, lei lo vide sotto una lucecompletamente diversa.

Forse perché suggestionata dalla musica dei

sassolini oppure dalle armi che luccicavano al sole, certo è che le sembrò una divinità scesa in terra e sene innamorò fino perdere il senno.

L'assedio durava ormai da molti mesi e Minosse,sfiduciato, stava quasi per rinunciare, quando accadde qualcosa di strano.

Occorre sapere che Niso, Re di Megara, aveva una ciocca di capelli rossi e che, per volere degli Dei, nessuno mai lo avrebbe potuto uccidere finché questa ciocca gli fosse rimasta in testa. Scilla, una notte, entrò di soppiatto nella sua stanza per tagliargli i capelli magici e rubargli le chiavi della città per poi consegnare il tutto a Minosse.

Minosse non fu per nulla riconoscente e la possedette sbrigativamente per poi farla gettare inmare dai soldati.

Si racconta anche che, mentre Scilla fu mutata nel pesce ciris, l'anima di suo padre divenne un'aquilapescatrice che nella speranza di beccare la figlia si gettava continuamente su tutti i pesci che vedeva affiorare tra le onde.

Oltre Scilla, Minosse ebbe rapporti con molte altre fanciulle, tra cui la ninfa Paria, una bellissima sacerdotessa di Artemide di none Britomarti, che per sfuggirgli fu costretta a gettarsi da una rupe dopo nove mesi di inseguimento, e soprattutto Procri, la moglie di Cefalo.

Pasifae si stancò di tutte queste infedeltà ed un giorno, con l'aiuto di una maga, fece in modo che il seme del marito si mutasse in uno sciame di scorpioni, vipere e millepiedi, ogni volta che questi la tradiva.

Cefalo e Procri erano una coppia felice, e lo sarebbero stati per sempre se Eos, la Dea dell'Aurora, non si fosse invaghita di lui.

In principio il giovane, aveva rifiutato le attenzioni della divinità.

Disse di amare molto sua moglie e sostenne di non volerla tradire per nessuna cosa al mondo.

A quel punto Eos sospirò dicendo a Cefalo che la moglie lo avrebbe tradito con chiunque le avesse offerto un oggetto d'oro.

All'ovvia incredulità di Cefalo, la divinità disse di poterglielo provare.

Un momento dopo, Eos fece assumere a Cefalo le

sembianze di un famoso ricco, tale Pteleone, e gli suggerì di offrire a Procri una corona d'oro in cambio di una notte d'amore.

La donna accettò senza remore e tanto bastò a Cefalo perché si risolvesse a tradirla.

Una volta cacciata via di casa, Procri si rifugiò a Creta e finì tra le braccia di Minosse.

Questa volta la ricompensa pattuita per una notte di passione furono un cane da caccia che non mancava mai la preda e una freccia che non mancava mai il bersaglio.

Procri aveva saputo da una schiava della maledizione che aveva colpito Minosse, in quanto all'eiaculazione in scorpioni e millepiedi e, prima di giacere con lui ebbe cura di bere un farmaco a base di radici, fornitole dalla maga Circe.

Dopo il rapporto temendo che Pasifae potesse farle del male, Procri si travestì da ragazzo e se ne scappò ad Atene, dove incontrò di nuovo Cefalo che, senza riconoscerla, le chiese quanto volesse per quel cane così veloce e per la freccia che non falliva mai.

E lei dolcemente rispose di non volere nulla in cambio e di cedere il tutto solo per amore.

Cefalo abboccò con entusiasmo e lei, dopo l'amplesso, si fece riconoscere.

I due si riconciliarono ma Procri morì in un incidente di caccia di lì a poco, in quanto si era nascosta in un cespuglio per fare uno scherzo al marito e questi, scambiandola per una cerva, le aveva scagliato contro la freccia infallibile.

Riguardo al Minotauro, Minosse era disperato perché la notizia che sua moglie lo avesse tradito con un toro lo aveva offeso a morte.

In tutta Creta non c'era nessuno che non gli ridesse dietro.

D'altra parte come si poteva negare l'accaduto, giacché il Minotauro dimostrava tutto con il suo aspetto?

Diodoro Siculo ci tramanda che il Minotauro fosse di duplice natura e che avesse le parti superiori, fino alle spalle, simili a un toro, e quelle inferiori simili ad un essere umano.

L'essere era così brutto che Minosse sentì il bisogno di nasconderlo agli occhi di tutti e quindi fece chiamare Dedalo, il più celebre degli architettiviventi, ordinandogli di costruire una prigione

sotterranea da cui non si potesse mai evadere eDedalo progettò e costruì il Labirinto.

Le vie di uscita del Labirinto erano tanto tortuosee inaccessibili che una persona inpersona non avrebbe mai potuto trovare da sola la via di uscita.

Per nutrire il Minotauro, tutte le città sotto il dominio di Creta a turno furono obbligate ad inviare un tributo in carne umana ed Atene, in particolare, ogni nove anni era costretta a inviare lasette maschi e sette femmine in tenera età.

Era già la terza volta che gli Ateniesi si apprestavano a inviare a Creta l'agghiacciantetributo, quando giunse Teseo.

L'eroe, venuto a conoscenza della squallida usanza, volle spontaneamente far parte del gruppo delle vittime e dunque salì sulla nave che lo avrebbe portato a Creta, salutò suo padre Egeo Re di Atene, dicendogli che sarebbe tornato vincitore e, perché Egeo lo venisse a sapere prima di tutti, al ritorno avrebbe cambiato la vela nera della nave con una vela bianca, in segno di vittoria, in modo che Egeo lo avrebbe potuto scorgere dall'alto dell'Acropoli.

Teseo non ce l'avrebbe fatta mai da solo perché, anche uccidendo il Minotauro, non sarebbe mai stato in grado di uscire dal Labirinto.

Secondo Ovidio nelle sue Metamorfosi, perfino Dedalo, che l'aveva progettato, quando si trattò di evadere da quella che ormai era diventata una prigione per lui, fu costretto a tentare le vie del cielo.

Lo scultore ed architetto si portò in un punto senza soffitto e grazie a due paia di ali che si era costruito alla meglio, usando un po' di cera e alcune penne di uccello trovate sul posto, prese il volo insieme al figlio Icaro.

La fuga si rivelò subito un fallimento perché Icaro, preso dall'euforia, finì per avvicinarsi troppo al sole e far sciogliere le saldature di cera che gli reggevano le ali.

Teseo era dunque alle prese con il Minotauro.

I Cretesi avevano fatto entrare il giovane ateniese nel Labirinto nudo e senza alcuna arma.

L'eroe mise tutti i fanciulli in un angolo, in modo che funzionassero da esca, poi si nascose dietro un

muretto e attese con pazienza che il Minotauro si mostrasse, attirato dalle loro urla.

Quando si udì il Minotauro avvicinarsi, il pianto dei fanciulli si fece ancora più disperato ed il Minotauro apparve in tutta la sua ferocia: aveva gli occhi fluorescenti come la brace e un rivolo di bava che gli scendeva giù dalle labbra.

Teseo lasciò che il mostro si avvicinasse alle vittime senza muoversi di un soffio, per poi assalirlo alle spalle quando meno se l'aspettava.

Con un braccio Teseo torse il collo all'abominio.

Inutilmente il mostro cercò di liberarsi della stretta perché più si agitava e più la morsa di Teseo gli impediva il respiro.

Poco tempo dopo, il mostro stramazzò al suolo privo di vita.

Ma l'impresa non era affatto conclusa, bisognava anche uscire dal Labirinto.

La mitologia greca è piena di figlie che per amore di uno straniero tradiscono i padri; nessuna meraviglia, dunque, se anche Arianna figlia di Minosse rientra in questa norma.

Ad Arianna era bastata un'occhiata a Teseo per

perdere il senno e schierarsi contro il proprio sangue, in questo caso contro il Minotauro che, mostro oppure no, rimaneva pur sempre suo fratello.

Il nome Arianna significa più che vergine oppure purissima.

Il significato del suo nome magari si adattava a lei, ma Arianna rimaneva infida quanto basta da consegnare a Teseo, in cambio della solita promessa di matrimonio, un gomitolo di lana che gli avrebbe consentito di entrare e uscire dal Labirinto con molta semplicità: disse a Teseo di appenderlo un capo del gomitolo all'entrata e dipanarlo man mano che si inoltrava nei meandri del Labirinto per ritrovare la via del ritorno.

Ma Arianna chiese in cambio a Teseo di giurare su tutti gli Dei che che l'avrebbe portata ad Atene persposarla.

Teseo giurò, salvo poi a sentirsi nei guai quando, scampato al Labirinto, vide Arianna che lo stava aspettando accanto alla nave. Teseo, a quel punto, disse ad Arianna che ad Atene aveva già una fidanzata di nome Egle, così gelosa che se solo lo avesse visto con un'altra donna gli avrebbe cavatogli occhi.

Arianna si era già prefissata il matrimonio e non lo lasciava per nessuna ragione.

Teseo era tanto legato alla sua libertà sentimentale che, poco prima di uscire dal Labirinto, aveva giaciuto con due delle vergini scampate al Minotauro, Eribea e Ferebea le quali, con ogni probabilità, gli si erano concesse solo per riconoscenza.

Teseo era agitatissimo in quanto la nave filava con il vento in poppa in direzione della Grecia e più passava il tempo e più lui si sentiva perduto.

Poi, all'improvviso, gli venne un'idea malsana: davanti ai suoi occhi era comparsa una bellissima isola, lussureggiante di vegetazione.

L'isola corrispondeva a Nasso e si presentava come una terra paradisiaca, con una sabbia finissima lambita da acque cristalline e, poco più nell'entroterra, un prato punteggiato di margherite e circondato di alberi da frutta.

Si racconta che i due giovani si nascosero in un boschetto, al riparo degli sguardi indiscreti, e fecero l'amore per più di un'ora. Poi Arianna beatamente si assopì e Teseo, che non aspettava altro fece subito rotta per Atene.

Quando Arianna si svegliò, non vide nessunointorno a sé.

Non voleva credere che Teseo l'aveva piantata in Nasso (da questo episodio mitologico derivò il famoso modo di dire) senza nemmeno lasciarle duerighe di commiato.

Fortunatamente per lei, dopo circa dieci giorni, passò di lì Dioniso con tutto il suo seguito di Silenie di Menadi ubriache.

Dioniso vide Arianna, la trovò bellissima e, senzaperdere troppo tempo a pensare, fu lui a sposarlaoffrendole in dote nientemeno che l'immortalità.

Mentre Arianna si consumava d'amore, Teseo volle sbarcare nell'isola di Delo per ringraziare Apollo dello scampato pericolo del Minotauro

Delo, al pari di Delfi, era il luogo più amato daApollo.

Si racconta che su quest'isola Apollo, quando aveva compiuto appena quattro anni, costruì un tempio formato unicamente da corna di animali incastrate l'una nell'altra in modo che si reggessero in piedi anche senza calce.

Secondo Plutarco, dopo il sacrificio Teseo volleballare intorno al tempio un ballo di sua invenzione: la danza delle gru accompagnato dalle sette vergini e dai sette fanciulli scampati alla morte.

Secondo i mitologi, fu quella la prima volta che uomini e donne ballarono insieme.

Le maledizioni di Arianna però colpirono il giovane, in quanto Teseo si dimenticò di cambiare le vele, così come aveva promesso a suo padre, in caso di vittoria.

Catullo racconta nei suoi Carmi che Egeo, che dall'alto della rocca spiava tutti gli spazi, non appena distinse le vele nere gonfiate dal vento, si gettò dall'alto della scogliera giù nell'abisso, ritenendo suo figlio sconfitto dal Minotauro.

Il fedele Piritoo

In Grecia, quando si volevano citare due amici per la pelle si ricorreva, tra gli altri, all'esempio di Teseo e Piritoo.

Piritoo, l'amico più fidato di Teseo, era un Lapita, ovvero un gruppo di abitanti della Tessaglia di statura superiore alla media.

Piritoo, secondo alcuni, era figlio di Dia e di Issione e secondo altri di Dia e di Zeus, che per l'occasione del concepimento di Piritoo si tramutò in un cavallo da monta.

Una volta adulto, Piritoo balzò agli onori della cronaca a causa di una festa di nozze alquanto movimentata.

Si racconta che durante il suo matrimonio con Ippodamia, i cugini centauri, per nulla avvezzi alle regole del saper vivere, persero il controllo a forza di bere vino puro e, invece di limitarsi a baciare la sposa come voleva la tradizione, cercarono di possederla, insieme a tutte le damigelle d'onore.

Come ci ha tramandato Plutarco, i centauri si spinsero al punto di sfrenatezza da mettere le mani addosso alle donne dei Lapiti. Costoro in un primo momento fecero finta di non accorgersene, poi, all'improvviso, si vendicarono con estrema durezza, uccidendone alcuni e cacciandone via altri, dopo

averli sconfitti in una vera e propria battaglia.

Ovidio, nel XII libro delle Metamorfosi, offre unampio resoconto di ciò che accadde alle nozze.

Piritoo, prima di conoscere Teseo, aveva già da tempo tessere gli elogi del vincitore del Minotauroed iniziò a stufarsi della cosa.

Motivo per cui, forse per invidia e forse per il semplice gusto di misurarsi con il rivale, un bel giorno decise di sfidarlo: si recò nei possedimenti che Teseo aveva a Maratona e gli rubò un'intera mandria di vacche, avendo cura, però, di fargli sapere che era stato lui l'autore del furto.

I due eroi si incontrarono a metà strada per un chiarimento, ma invece di venire alle mani, si piacquero talmente che da quel giorno divenneroinseparabili.

I due giovani legarono molto e si diedero come insano scopo delle loro gozzoviglie il rapimento digiovani donne di discendenza divina.

Teseo aveva avuto dalla sua seconda moglie, l'Amazzone Antiope, un figlio di nome Ippolito che,

essendo devoto come la madre alla Dea Artemide, aveva fatto voto di castità.

Tutto sarebbe andato per il meglio se Teseo non avesse ripudiato Antiope in favore di Fedra, sorella minore di Arianna, in quanto a lavare l'affronto inflitto alla loro sovrana provvidero le Amazzoni che attaccarono Atene quella sera stessa dando origine ad una guerra sanguinosa con elevate perdite da entrambe le parti.

Antiope, non ancora soddisfatta di tanto cataclisma, pregò Afrodite affinché facesse innamorare Fedra di suo figlio Ippolito. Pausania sostiene che Fedra si sarebbe invaghita del giovanotto per averlo visto tutto nudo un giorno attraverso uno spioncino, mentre si allenava nello stadio di Trezene.

Fedra lo vide dalla porta del tempio di Afrodite Kataskopia (Afrodite la Spia) mentre faceva ginnastica nello stadio e se ne innamorò.

Ippolito, però, tenendo fede al voto di castità fatto ad Artemide, respinse qualsiasi offerta d'amore.

In fondo, ad Ippolito la castità non costava un così

grande sforzo: era una persona che detestava le donne e tutto ciò che riguardava il sesso.

Come mostra Euripide nella sua tragedia che porta il nome del giovane, Ippolito per l'appunto, a nulla valsero gli sforzi di Fedra a tentare di sedurlo e mostrargli il bello delle donne: lui la cacciò lo stesso, per giunta riempiendola di ingiurie.

Fedra, offesa dal rifiuto, si recò da Teseo e accusò Ippolito di tentata violenza, fornendogli una versione capovolta della vicenda.

Teseo all'inizio stentò a crederle: poi, convinto dalle lacrime e dai segni della colluttazione che lei stessa si era autoinflitta, chiese a Poseidone, di far morire quanto prima quel figlio degenere, cosa che avvenne puntualmente il giorno dopo: Ippolito si stava recando in quadriga alla volta di Epidauro, quando venne sorpreso da un violento maremoto.

Un'onda più alta delle altre invase la carreggiata e lo sbalzò dal carro ma nel cadere uno dei piedi gli rimase impigliato nelle redini, motivo per cui venne trascinato per un centinaio di metri dai cavalli imbizzarriti, fino a sbattere il capo contro le rocce. Fedra, saputo dell'incidente, si impiccò.

Ormai Teseo e Piritoo avevano quasi cinquanta anni e non avevano altro scopo nella vita se non quello di divertirsi alle spalle del prossimo, specie delle donne.

I due misero pertanto in cantiere di sequestrare due figlie di Zeus e la scelta cadde su Elena e Persefone.

Decisero di iniziare con la splendida Elena, all'epoca appena dodicenne, per poi giocarsela ai dadi a rapimento avvenuto.

Il vincitore sarebbe stato obbligato in un secondo momento ad aiutare il perdente a rapire Persefone.

Vinse Teseo, che l'affidò subito a sua madre Etra inattesa che la ragazzina diventasse più matura.

Elena venne presa mentre stava danzando nel tempio di Artemide Eretta ed i due le dissero che laavrebbero riportata a casa a bordo del proprio carro; lei accettò il passaggio, senza un minimo di cautela.

Elena sembrava quasi rassegnata ad essere rapita,come se avesse saputo fin dalla tenera età che quello era il suo ruolo nella storia.

Ad arrabbiarsi furono i fratelli di Elena, Castore e

Polluce, noti anche come i Dioscuri.

I due eroi la cercarono in ogni sito della Grecia, finché un certo Academo, eroe pressoché sconosciuto, non dette loro l'informazione giustariferendogli che la fanciulla era stata rapita da Teseo e Piritoo e viveva segregata nella Rocca di Afidna.

I Dioscuri, armi alla mano, liberarono Elena e, per rendere la pariglia, rapirono la carceriera, che era lamadre di Teseo.

Questa incursione dei Dioscuri, però, avvenne molti anni dopo il rapimento e, stando alle male lingue, Elena ebbe tutto il tempo per mettere al mondo una figlia durante il suo sequestro, la famosa Ifigenia, la stessa cioè che in seguito verrà attribuita a sua sorella Clitennestra, per consentire a lei di contrarre un buon matrimonio presentandosi ai pretendenti come vergine.

Per mantenere il patto tra Teseo e Piritoo riguardante il doppio rapimento, bisognavasequestrare anche Persefone.

Teseo, stando al racconto mitologico, avrebbe desistito volentieri. Piritoo non volle sentire ragioni e l'impresa, ad ogni modo, non si prospettava per nulla agevole, perché Persefone era pur sempre la

moglie di Ade, il Re dell'Oltretomba e c'era tutta una serie di belve infernali a ostacolare il raggiungimento dell'obiettivo.

D'altronde, nemmeno era fattibile scegliersi una preda più a portata di mano, dal momento che un oracolo di Zeus li aveva in effetti obbligati all'impresa.

I due mascalzoni pensarono bene di raccontare tutta la verità ad Ade, compresa l'ingiunzione che era stata fatta loro dal Re dell'Olimpo, anche con lo scopo malcelato di fare in modo che Ade acconsentisse al rapimento senza opporvisi.

Per evitare Caronte, l'attraversamento del Lete, il cane Cerbero e altre insidie del genere, i due entrarono da un ingresso nascosto, una caverna della Laconia attraverso cui si poteva scendere nelle viscere della terra e raggiungere la sala dove regnavano Ade e Persefone.

Gli eroi bussarono a un portone di bronzo e furono accolti dal Signore dell'Oltretomba in persona.

Ade li ascoltò con molta attenzione e sul momento non disse nulla, poi li fece accomodare su due seggiole monumentali poste di fronte al suo trono.

Queste erano chiamate le Sedie dell'Oblio, ed

erano fatte in modo che, una volta occupate, si trasformavano in carne viva, diventando un tutt'uno con la persona che vi si era seduta.

Secondo i mitologi, Teseo e Piritoo vi rimasero attaccati per quattro anni, tormentati dai morsi di Cerbero e dalle frustate delle Moire.

Poi Eracle scese giù negli Inferi e con la sola forza delle braccia strappò Teseo dalla sedia infernale.

Durante l'intervento di Eracle, parte delle natiche dell'eroe restarono appiccicate alla seggiola, e dovrebbe essere questa la ragione se, ancor oggi, gli Ateniesi hanno tutti le natiche piatte. Per Piritoo non ci fu nulla da fare poiché Eracle, per quanto si sforzasse, non riuscì a liberarlo.

Durante la sua permanenza di Teseo nel mondo dell'Oltretomba, Atene era caduta nelle mani di un certo Menesteo, un politico corrotto che aveva messo in piedi una finta democrazia con l'aiuto dei Dioscuri.

Il demagogo, non appena vide Teseo intenzionato a riprendersi il potere, sobillò il popolo contro di lui, diffondendo maldicenze sul conto suo e della sua famiglia.

Secondo Plutarco, Teseo scappò via, insieme ai figli,

con una nave alla volta di Creta, vista la mala parata che si stava preparando ad Atene, prima ancora che qualcuno lo pugnalasse alle spalle.

Una tempesta, però, lo costrinse a sbarcare nell'isola di Sciro e qui il Re del posto, di nome Licomede, lo assassinò nel timore che

Teseo avesse intenzione di spodestarlo, facendolo precipitare dall'alto di una rupe.

Admeto ed Alcesti

Un giorno uno dei figli di Apollo, il medico Asclepio, venne folgorato da Zeus per aver osato resuscitare un morto e Apollo, a sua volta, si era vendicato sterminando tutti i ciclopi che avevano forgiato il fulmine con il quale Zeus aveva colpitoAsclepio.

La vertenza finì davanti al tribunale degli Dei:

Secondo Diodoro Siculo, da una parte c'era Ade, il

Signore dell'Oltretomba, che si lamentava perché il suo regno diminuiva a vista d'occhio e, a suo dire, la colpa era di Asclepio che guariva tutte le personeche stavano per morire.

Dall'altra c'era Apollo che giustamente piangeva il figlio suo prediletto, morto prematuramente.

Sdegnato, Zeus ordinò ad Apollo di lavorare agli ordini di un mortale per un anno.

La scelta di Zeus cadde sul Re di Fere, di nome Admeto, eroe greco che già in passato aveva partecipato ad alcune imprese di prestigio, in particolare alla conquista del Vello d'oro insieme agli Argonauti ed alla caccia al cinghiale Calidonio insieme ad Eracle. Apollo, per verdetto di Zeus, si sarebbe occupato delle mandrie di Admeto.

Naturalmente, Admeto trattò Apollo come meglio poté,

mettendogli a disposizione tutti i servi che voleva e la divinità, dal canto suo, ricambiò affettuosamente e fece in modo che tutte le mucchedel Re di Fere avessero parti gemellari.

Dove Apollo si rivelò davvero indispensabile fuquando Admeto pose gli occhi su Alcesti, la

bellissima figlia di Pelia.

Secondo Apollodoro, il Re di Iolco Pelia pretese che tutti i pretendenti alla mano di sua figlia guidassero un carro trainato da un leone ed un cinghiale.

La prova, ad ogni modo, non spaventò affatto Admeto che con l'aiuto di Apollo riuscì a domare le bestie e ad avere in cambio la fanciulla tanto desiderata.

Purtroppo per lui, durante i festeggiamenti, si dimenticò di sacrificare ad Artemide e la Dea si vendicò facendogli trovare un groviglio di vipere sibilanti tra le lenzuola, al posto della sposa, ed Apollo gli suggerì di placare l'ira della dea con opportuni sacrifici.

La protezione di Apollo, ad ogni modo, continuò anche dopo il matrimonio perché Apollo una sera, dopo cena, fece ubriacare le tre Moire e scippò loro il permesso di non far morire Admeto oppure, per lo meno, di rimandare la sua morte a patto che lui quel giorno trovasse qualcuno disposto a morire al

posto suo. Quando Apollo comunicò la bella notizia al suo protetto, ad Admeto vennero lelacrime agli occhi.

La reale problematica fu quando Thanatos, il Raccoglitore di

Morti, si presentò alla reggia perriscuotere il tributo che gli spettava, il tutto nonandò propriamente come Admeto si sarebbe aspettato, in quanto il primo a tirarsi indietro fuproprio suo padre Ferete.

Ma nemmeno la madre, l'anziana Periclemene, era molto disponibile a sacrificarsi per il figlio.

Admeto non trovò nessuno pronto a morire in sua vece ma il tempo intanto passava ed occorreva sbrigarsi.

Thanatos aveva detto che, in via eccezionale e soloper riguardo ad Apollo, avrebbe concesso una proroga di un giorno.

Admeto aveva già perso ogni speranza, quando gli dissero che, nella vicina Eraclea, c'era stato un terribile scontro proprio quel giorno tra Focesi e Locresi, con molti feriti da entrambe le parti. L'eroepensò che senz'altro avrebbe trovato qualcuno che

in fin di vita e si precipitò sul campo di battaglia.

Appena giunto ad Eraclea, Admeto si trovò immerso in uno scenario apocalittico: dovunque volgesse lo sguardo, non vedeva altro che morti e feriti e, se avesse voluto trovare un moribondo, aveva solo l'imbarazzo della scelta.

La ricerca si rivelava meno facile del previsto, in quanto i feriti più gravi gli morivano fra le bracciae tutti gli altri si rifiutavano di concedere il permesso di farsi prendere dal Raccoglitore di Morti al posto di Admeto, che lo avrebbe liberato da Thanatos per almeno altri dieci anni.

Admeto proseguì ad aggirarsi tra i cadaveri e, ad un certo punto udì un rantolo: proprio davanti a lui c'era un moribondo che stava per spirare.

Un rivolo di sangue gli scendeva dal labbro e aveva gli occhi semichiusi, quindi l'eroe gli si avvicinò premuroso, accorgendosi che era ancora vivo, ma giunsero i soccorsi a salvare il moribondoed Admeto non trovò nessuno disposto ad accorciare la propria vita pur di assicurare a lui altri dieci anni.

Avvilito, e deluso dall'egoismo umano, lo sventurato Admeto si fece riportare a casa.

Il giorno di proroga concesso da Thanatos stava perscadere, tanto valeva morire nel proprio letto.

Giunto a casa, Admeto vide in cima alla scalinata sua moglie Alcesti che aveva in mano una coppa diveleno.

La donna alzò il calice in aria, come se volesse brindare alla sua salute, e bevve dichiarando divolere morire al posto di Admeto.

È a questo punto del racconto mitologico che hainizio Alcesti, la tragedia di Euripide.

Alcesti non è ancora morta in quanto è in attesa che il veleno faccia effetto.

Admeto le sta accanto pieno di riconoscenza e le tiene una mano tra le proprie mentre la guarda congli occhi umidi di pianto.

Al capezzale di Alcesti ci sono i figli: il maschietto e la femminuccia, la donna si prodiga in molte raccomandazioni al marito.

Admeto, ovviamente, la rassicura del fatto che non si risposerà mai, e che porterà il lutto per tutta la vita, non solo per un anno.

Alcesti lo guarda dubbiosa perché non sa se credere alle promesse da marinaio del marito.

Quando Admeto comincia a lamentarsi, lei lo consola citando un noto proverbio: il morto giace ed il vivo si dà pace!

Alcesti non ha il tempo per dare spiegazioni a questa sua dichiarazione che suona quasi come una sinistra profezia e muore.

I servi sollevano di peso il corpo di Alcesti e, lamentandosi ad altissima voce, la portano a braccia dietro le quinte.

Admeto segue il corteo in lacrime e a capo chino.

Passano pochi secondi, ed appare sulla scena Eracle, che è lì di passaggio in quanto deve portare a termine la sua nona fatica, riguardante le cavalle di Diomede, e chiede di essere ospitato per una notte.

Il servitore che lo riceve vorrebbe avvertirlo che è giunto in casa di Admeto in un momento di lutto, ma non fa in tempo a dirgli cosa è successo che sopraggiunge Admeto ed il servo si stupisce di come il padrone abbia nascosto all'ospite il suo dolore e non può non farglielo notare ma Admeto, con pazienza, gli spiega che se avesse detto tutta la verità a Eracle questi di certo non sarebbe rimasto alla reggia, e che l'ospitalità nel suo paese ha la precedenza su tutto.

Esce di scena il servo ed entra Ferete, anziano padre di Admeto, per fare le condoglianze al figlioche, però, le rifiuta aspramente.

Il vecchio lo ascolta con molta attenzione, senza mai interromperlo, per poi rispondergli con altrettanta durezza.

Admeto avrebbe dovuto fermare in tempo la mano di Alcesti, prima ancora che la poverina potesse buttar giù il veleno, mentre si era limitato a sciorinare frasi sdolcinate alla moribonda.

Mentre padre e figlio hanno questo alterco sul proscenio, da dietro le quinte si sente Eracle che canta, in quanto l'eroe ha bevuto e mangiato a sazietà e adesso manifesta tutta la sua allegria con il canto tipico degli ubriachi.

A questo punto, il servo devoto non nonscandalizzarsi.

Eracle entra in scena e si accorge che il servo lo stascrutando con aria molto contrariata.

Eracle rimbrotta il servo, dicendogli di non mostrarsi cupo e di non piangere per una morta,

diceva lui, che non apparteneva neppure alla casa, per poi concludere con un suggerimento che sa di filosofico: quello di non crucciarsi per la morte perché, alla fin fine, essa è l'inevitabile destino deimortali.

A queste parole il servo scoppia in lacrime e racconta tutta la verità.

In un primo momento l'eroe si rifiuta di credergli ma poi scappa via di corsa, perché si capacita che Admeto lo aveva tenuto all'oscuro del grave luttoproprio per non farlo sentire a disagio.

Torna in scena Admeto, che è distrutto in quanto ha perso la moglie, ha litigato con il padre e perfino l'amico Eracle se ne è andato via senza nemmeno salutarlo.

Admeto si rivolge quindi al coro e lo chiama atestimone delle sue sventure.

Il pianto di Admeto, però, non dura a lungo in quanto vede rientrare Eracle seguito da una donnaricoperta da un lungo velo nero, da capo a piedi.

Admeto è grato all'amico per la premura, ma rifiuta il dono in quanto ha promesso alla moglie di non unirsi mai più con nessun'altra donna e si dice

disposto a mantenere l'impegno di fede.

Tra le altre cose sarebbe pure tentato di accogliere la nuova arrivata, dal momento che nella figura almeno della donna velata Admeto vede una fortesomiglianza ad Alcesti.

Eracle, a quel punto, scopre la donna che si rivelaessere proprio lei, Alcesti!

Eracle era riuscito a strapparla a Thanatos, prima ancora che questi se la trascinasse negli Inferi.

Admeto non crede ai suoi occhi ed abbraccia, piangendo, le ginocchia della moglie e invoca adalta voce il suo nome, ma Alcesti non risponde, è muta.

Ma Eracle lo rassicura dicendo ad Admeto che Alcesti è solo resuscitata da poco ed ancora sconvolta dalla propria morte, avrebbe riacquisito di nuovo la parola di lì a tre giorni.